巴山蜀水

BASHANSHUSHUI SANXIANJIANSHE

第二辑

艾新全　陈晓林◎总主编

中国文史出版社

巴山蜀水

BASHANSHUSHUI SANXIANJIANSHE

第二辑

重庆市三线建设掠影·卷五

陈晓林◎编著·摄影

中国文史出版社

第一章　重庆市江北县企事业单位

第二章　重庆市长寿县企事业单位

第三章　重庆市綦江县企事业单位

第四章　重庆市巴县企事业单位

BASHANSHUSHUI SANXIANJIANSHE

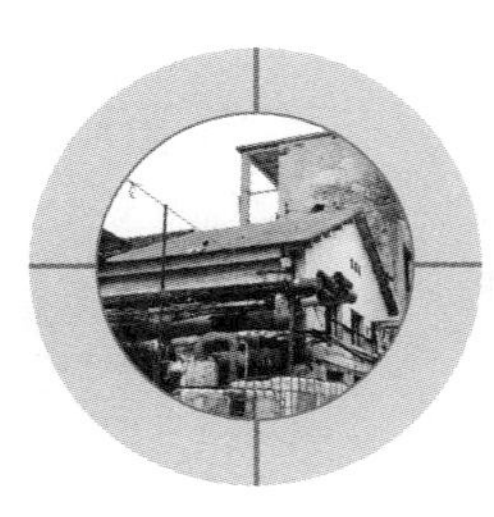

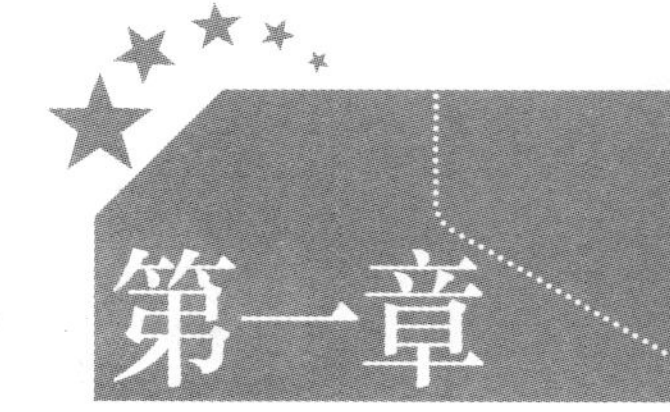

重庆市江北县企事业单位

党中央、毛泽东主席等老一辈无产阶级革命家决策的“三线建设”，是与抗美援朝、“两弹一星”并肩的共和国重大决策。“三线建设”使辽阔的祖国西部从无到有，建立了能够抵御外敌入侵的战略纵深。也使包括江北县区在内的重庆，建成了国防工业及与之配套的，包含船舶、机械、化工等在内的较为完整的产业链，让之前的一个贫困落后的农业县，跃居全重庆市 GDP 之首，于 2020 年在重庆市率先突破 2000 亿元之大关，成为重庆市第一大经济区。

在 1964—1980 年三线建设时期，现今的渝北区还称作江北县，隶属原四川省。它位于重庆市主城区的东北部，长江北岸与嘉陵江东岸的扇形地带。江北县是一个农业人口众多、工业极不发达的贫困县。三线建设时期，国家在其 1944.23 平方千米（1986 年）的土地上，布局了与重庆国防工业密切相关、首尾相连的国家重点船舶军工重器，以及与之配套的机械制造、化工医药和仪器仪表工业，是三线建设彻底改变了江北县的生产力格局。

为了更好地发展现渝北，我们居安思危，重走了现渝北地区的一些三线企业遗址。前事不忘，后事之师，时值三线建设 60 周年的今天，我们希望通过对那段历史的回顾，能够重拾作为毛泽东思想重要组成部分的三线精神、三线文化、三线风骨。

第01节　四川省第六机械工业局

解放前，重庆的船舶工业，除了抗战时期初步成长起来的民生公司以外，相对于上海、青岛、广东和福建等沿海城市而言，差距是很大的。面对第三次世界大战爆发的危险局势，当时党中央、毛主席提出来一个战略构想：如果第三次世界大战爆发，一线二线打光了，需以万县至重庆的长江上游地区生产兵器和舰船，以支撑战争。故1964—1980年发展重庆的常规兵器工业和船舶工业就成了"绝代双骄"。

①

船舶工业基地这一重担由国家第六机械工业部（简称“六机部”）副部长刘星主刀，设立了西南三线船舶建设指挥部，进而在当时的江北县龙溪镇冉家坝，成立了对应的四川省第六机械工业局——1983 年改制成正厅级的中国船舶重工集团重庆船舶工业公司，其办公地点就在今天的重庆市渝北区龙山路 399 号。

三线建设时期，重庆的船舶工业布局非常宏大——六机部勘察设计院负责勘探，六机部第九建筑设计院负责设计，重点工程大都由中国人民解放军 8342 部队等工程兵负责施工。从万县到重庆的长江上游地区，依次布局了涪陵的川东船厂（负责生产 33 型常规动力潜艇）、长寿的卫东船厂（规划生产军用快艇）、南岸区的重庆造船厂（上马的是猎潜艇）……多的不说，仅万县的船用仪表就创造了多个全国第一：第一个平台罗经，第一个指挥仪，第一个减摇鳍，第一只精密小模数齿轮……

① 四川省第六机械工业局大门
② 四川省第六机械工业局办公楼

CSSC
中国船舶重工集团重庆船舶工业有限公司
CHINA SHIPBUILDING INDUSTRY CORPORATION CHONGQING SHIPBUILDING INDUSTRY CO.

2020年12月30日，作为重庆三线建设研究会副会长、原中船重工重庆船舶工业公司党委书记的陈福正和重庆工程师协会副理事长兼三线建设工业文化专委会主任的笔者，一并带四台车去涪陵川东造船厂考察调研。在往返的路上，陈书记说起他的成长经历：从大学毕业分配到万县江陵仪器厂生产“指挥仪”，到恋爱、安家，逐渐成长为一厂之长，再到中船重工重庆船舶工业公司担任党委书记；重庆船舶工业鼎盛时期有30个机构、50000人之众。陈福正书记告诉我，除了三线建设时期重庆生产了几十条舰船之外，海上洲际导弹发射用的导航定位系统、南极科考船上的平台罗经、让敌人闻风丧胆的水中利器等等，都是重庆船舶工业的杰作。

① 四川省第六机械工业局雕塑
② 四川省第六机械工业局标志
③ 四川省第六机械工业局办公楼
④ 四川省第六机械工业局住宅楼
⑤ 四川省第六机械工业局绿树成荫

第02节 华渝电气仪表总厂

华渝电气仪表总厂由5家从万县搬迁而来的船用仪器仪表厂组建而成。

三线建设之前，比较长江中下游地区武汉、南京、上海和沿海的大连、青岛、福州、广州等城市而言，重庆的船舶工业总体上是落后的。三线建设当中，为了抵抗超级大国可能展开的核打击，国家把船舶工业的重点，特别是共和国刚刚起步的船用柴油机、船用仪器仪表生产体系放在了重庆，使重庆这座西部内陆城市最终成长为我国重要

①

的船舶工业基地之一。

江云机械厂系六机部规划建设的三线企业，1965 年由上海江南造船厂部分迁建于四川省万县，并于 1966 年 9 月建成投产。20 年来，江云机械厂在极其艰难困苦的条件下，创造了可喜的成绩：生产了船迹自绘仪、平台罗经计算机、深弹射击指挥仪以及鱼雷瞄准镜等产品。

1987 年，因三线建设的调整，江云机械厂从万县异地搬到了渝北的玉带山，并同其他 4 家同类型的厂家一起，组建了重庆华渝电气仪表总厂。除了江云机械厂之外，还有生产方位水平仪的永平机械厂、生产鱼雷和舰炮指挥仪的江陵仪器厂、生产平台罗经和电罗经的长平机械厂、生产工装模具、潜水装具和输弹机、减摇鳍叶片的武江机械厂。

除了现渝北玉带山的产业

②

③

① 华渝电气冉家坝基地大门
② 华渝电气冉家坝厂区一角
③ 华渝电气鱼嘴厂区大门

化生产基地之外，目前已经蝶变为华渝电气集团的 5 家船用仪器仪表企业，还在鱼嘴工业园核心区开辟了“第二战场”，华渝电气占地总面积为 587 亩。

经过多年的产品研发和生产，华渝电气集团业已积累了丰富的专业经验。2021 年 3 月 11 日，华渝电气董事长、总经理兼党委书记邹强告诉我们：在技术日新月异、经济全球化的浪潮之中，很好地承袭了三线建设精神的华渝人，以奉献创新、协同共赢为准则，努力以全新的理念，一流的技术，创造出全世界第一流的产品 30 余项，被国家统计局授予“中国自主创新能力行业十强”荣誉称号。

① 华渝电气鱼嘴厂区一角
② 重庆三线两会走进华渝电气

第03节 前卫仪表厂

重庆解放后，市军事管制委员会派军代表徐健，于1949年12月6日接管了民国政府第十兵工厂，即后来的国营江陵机器厂（参阅本丛书的“国营江陵机器厂”一节）。

三线建设大规模展开的1965年，包括江陵机器厂在内的“老七家”兵工厂均面临着“加强防空、战备疏散、产能外扩”的政治任务。1965年6月28日，第五机械工

前卫仪表厂

业部（简称“五机部”）以“(65)五计1615号”文，将江陵机器厂的火工引信车间迁建于今华蓥山下的庆华镇，组建了江华机器厂；同年8月25日，五机部又以“(65)五计2140号”文，将其水雷仪表车间单独划出，成立了江龙仪表厂，这就是当年位于重庆江北县大竹林镇的前卫仪表厂。

五机部指令下达后，在部、局领导的主持下，江陵机器厂派出了江龙仪表厂新的领导班子，共同决定了生产计划及产量，分离了人员、设备和生活服务区。1966年1月，江龙仪表厂正式与江陵机器厂划开。江陵机器厂为其输送了干部155名，工人488名，设备269台，土地500亩，房屋28239平方米，固定资产总值597万

① 前卫仪表厂老厂区工房
② 前卫仪表厂老厂区台阶
③ 前卫仪表厂老厂区环境
④ 前卫仪表厂老住宅区
⑤ 前卫仪表厂老住宅区

③

④

⑤

① 前卫仪表厂住宅楼
② 前卫仪表厂住宅楼
③ 前卫仪表厂大门
④ 前卫仪表厂新生产区一瞥

元。1966年1月1日起，江龙仪表厂与江陵机器厂分制管理，计划单列并开始独立核算。

当年的前卫仪表厂是中国船舶重工集团公司下属的国有大型企业，2013年8月20日，更名为重庆前卫科技集团有限公司。除承续和发展传统的军品业务之外，它还进一步研发生产了一系列电子仪器仪表，精密机械，机电一体化控制系统和燃气用具等产品。现今的前卫科技集团占地35.4万平方米，拥有职工逾2000人，固定资产2亿以上。

由于国际国内形势的变化，20世纪80年代初，很多三线企业都很茫然，整天忙于“找米下锅”。而前卫仪表厂却镇定自若，下功夫努力发挥自己计量仪器仪表的绝对优势，开发出一大批民用产品，不动声色地走上了一条阳光大道。“军转民”刚开始，前卫仪表厂的天然气计量表及“江龙牌”座钟，几乎一天之内就布点了全国各地。

1986年，前卫厂引进德国克珞姆·施罗德公司的先进技术和检测设备，推出了J1.6、J2.5、J4.0和G10、G25、G65系列精密仪表并IC卡表，一举笑傲江湖。做企业跟做人一样，首先贵有自知之明，努力发挥自己的“长板”且一贯到底，这样一定能形成大气候。为了寻求新的经济增长点，前卫仪表厂又于2001年引进了意大利梅洛尼公司的家用壁挂式卫浴暖温型燃气快速热水器……前卫仪表厂可以说是一个“军转民”成功的典范——青出于蓝而胜于蓝，冰水为之而寒于水。

第04节　中船集团·海装风电

前几天，我受托通知了若干家中船系统的在渝企业负责人，考察调研渝北地区产值逾百亿的巨无霸——中船集团·海装风电。有好几位企业家反问我：“成立于 2004 年的中船集团·海装风电，怎么可能是三线企业呢？”

三线建设分为三个阶段：第一个阶段，1964—1980 年，是建设时期；第二个阶段，1980—1990 年，是调整时期；第三个阶段，即再后来的军民融合发展时期。中船集团·海装风电正是第三阶段的杰出代表。

①

十年前，我带重庆园林行业企业家代表团考察北欧五国。当我们到瑞典的沃尔沃公司考察时，原以为沃尔沃公司只会造小车什么的，其实它的重汽，并“一战”时就开始生产的战斗机心脏——发动机，至今一点锈迹没有，还闪闪发着蓝光，把我们吓了一大跳。原来这就叫“军民融合”。

还有一家“军民融合”的美国的公司，叫作雷神公司，它成立于1922年，原来是生产变压器的一家普通工业企业，现今它已发展成世界顶级的导弹龙头公司，市值已达1210亿美元。如今的雷神公司拥有员工73000人，每年的军火产值在200亿美元以上。

我家购买的第一台电冰箱是中船重工五洲实业公司（参阅本书九龙坡区之《五洲实业公司》）所生产的阿里斯顿——它让我感受到了什么叫“现代化”。

②

③

① 海装风电厂区文化石
② 海装风电科研中心
③ 海装风电生产线

① 海装风电生产产品
② 海装风电生产车间
③ 海装风电半成品
④ 海装风电组装车间
⑤ 专业的职工队伍
⑥ 专业的职工队伍

2004 年 1 月 9 日，汇聚了中船集团的原五洲集团、前卫集团、华渝集团并一大批中船集团配套企业，合纵连横，成立了直面全球新能源——风电为主战场的中船集团 · 海装风电。近几年，我们国家大量关停煤矿、倡导电动车，且主导着全世界的碳排放、碳平衡，其底气在哪里呢？就在于我们转而助推了水能、核能、太阳能和风能，助推了一个又一个像中船集团 · 海装气电这样的能源企业。

⑤

2021 年 5 月 19 日，由重庆市政协原副主席陈万志教授、中船集团重庆船舶原党委陈福正书记等带队的重庆三线两会代表团，来到了海装风电考察调研，并举行了非正式的研讨会。海装风电副总经理黄卫民热情地告诉我们：海装风电成立 18 年来，坚持“稳做局、快崛起、势做强”的战略部署，在国内先后布局了重庆、内蒙古、新疆、甘肃敦煌、江苏、云南、辽宁大连、山西晋城八大总装基地；在海外布局了欧洲研发中心和北美总装维护基地，业已形成“南北布局，海陆并举，国内外市场同时发力”的新格局。

⑥

我去过万州的 716 所，它后来搬到连云港去了，黄卫民副总经理正是前不久从 716 所交流过来的领导。他热情洋溢地告诉我们：重庆基地是海装风电的总部所在地，它拥有国家海上风力发电工程技术研发中心，一个博士后流动工作站和硕士学位点等科研机构。今天的中船集团 · 海装风电具有“技术研发、产品试制、

质量控制、市场营销、物质保障、员工培训”等功能系统，我们希望能够在100个亿的基础上做得更强、更大，更有三线风骨和气质。

三线建设初期，一个西南合成制药厂的利税就占了原江北县的一半。2020年渝北区GDP业已超过2000亿，成了重庆各区县的“带头大哥”。黄卫民副总经理告诉我们，虽然现今的海装风电只有100多亿的产值，但它却是全国唯一的一家在一个集团内拥有风电全产业链的央企。我半开玩笑半认真地对黄卫民副总经理说：你本人和企业都有三线血统，我们重庆三线两会与你同根同源，希望贵我双方能够携手共进，在“军民融合”发展的康庄大道上，带动更多的三线企业风雨同舟，与时俱进，如何？

① 重庆三线两会成员和海装风电领导研讨交流

② 重庆三线两会成员在海装风电生产车间参观

第05节　西南合成制药厂

20世纪70年代末，我还没有正式参加工作之前，暑假里应同班最好的一名叫刘军海的同学相约，一起从朝天门码头乘四个多小时的船，风光无限地来到了当时在重庆市江北县举足轻重的洛碛、西南最大的一家原料药生产基地——西南合成制药厂。为什么说它在江北县举足轻重呢？因为当年的西南合成制药厂，每年上缴给江北县的利

西南合成制药厂第二厂址大门

①

②

税，占了该县全部财政收入的一半还要多。西南合成制药厂一声咳嗽，江北县就得感冒。

当时我们班上的篮球队全校无敌，不时还与解放军的185医院拼一拼。刘军海打左边锋，可以空中接球直接灌篮；我近1.8米的个子，跳起来可以背向灌篮，加上我们的父亲都是军人出身，所以走得比较近。

刘军海是随他的父母和高个子姐姐一道，从东北制药厂不远千里来支援重庆三线建设的。那时的江北县洛碛非常狭小，只有一条靠近码头的独街，全是平房，不长的街上也没有几家商店。那时候的西南合成制药厂有两三千人，每天是吹着军号上下班，硕大的企业除了有高大上的生产厂区之外，厂里的电影院、医院、食堂以及从幼儿园到技校，那是一应俱全。我记得厂里的油炸面包，好像加了点蜂蜜什么的，吃起来极其化渣，且香了我几十年。刘军海同学的父亲，当时是西南合成制药厂负责生产的副厂长。他们一家人和安厂长一家人一样，都住在“三线青”的一长排平房里。厕所是公用的，门口放着两个炉子，算是厨房了。洗澡要去厂里的大澡堂。澡堂里一排笔直的大管道连着小管道，红的热、绿的凉，用的是生产车间接过来的循环冷却水。一根冷水管，冰糕凉快，四分、五分、六分；一根热水管，虽不是桑拿却胜似桑拿。学生时代我的暑期生活过得不少，但西南合同制药厂的那个夏天，却永远美好地留在了我记忆的最深处。

1964 年 10 月，化工部在重庆召开了全国化工系统三线建设工作会议，当年的全国医药行业归口于化工部管理。会议按党中央三线建设总体要求，决定将沿海部分大中型化工医药企业内迁重庆，以完善全国化医系统新的成系统的产业链布局。根据这个具有里程碑性

① 合药洛碛厂址大门遗址
② 合药洛碛办公室遗址
③ 合药洛碛生产车间遗址
④ 合药洛碛生产车间遗址

①

②

质的会议精神，上海泰山化工厂30吨／年的氯霉素，上海大众化工厂50吨／年的长效磺胺，上海制药四厂的磺胺嘧啶等项目，迁往坐落于四川省重庆市江北县洛碛区濒临长江的西南军区后勤医院旧址，并从东北、华北等全国各地制药系统，抽调了大量的技术和管理骨干抵达洛碛。

新中国成立初期，重庆的原料药生产单位只有一家西南制药厂，坐落于沙坪坝重庆大学坡下，生产规模并不是很大。三线建设时期，除了从上海内迁来的西南合成制药厂之外，还有一家从上海内迁南岸区弹子石的西南制药二厂。除此之外，还利用三线建设政策，对重庆原有的西南制药一厂、西南制药三厂、重庆制药五厂、重庆制药六厂、重庆制药七厂、桐君阁药厂和重庆制药九厂的产能进行了扩繁，从而把重庆建成了继东北、华北、上海之后的全国第四大制药基地。

我第二次去西南合成制药厂是参加工作以后，以重庆医药工业公司团委团费收支情况检查组组长的身份。还是从朝天门码头启航，同行的还有西南制药三厂的王方元以及重庆制药五厂、重庆制药九厂的几个基层专职团干部。西南合成制药厂当时的团委书记是史建一，一位话语不多、踏实稳重的老实人。我们住在该厂的招待所，两天的团费收支情况检查工作结束后，正遇星期天，史建一书记就安排了一位团委干事，陪我们一同去到了当时还未开发的御临河排花洞。

从重庆朝天门码头去洛碛坐船，从西南合成制药厂去御临河排花洞也是坐船，时间有一个多小时。夏天的重庆很热，我们一大早从洛碛码头出发，坐了一艘小客轮，经

箭沱湾上岸。从箭沱湾到排花洞全是土路，又一个多小时。中途花了很少的钱，在半山腰的排花洞下、不到一千米的一户贫下中农家“搭伙”。老农告诉我们，排花洞里面很深，钟乳石很漂亮，当中有一条阴河，你们进去要格外小心哟。

一伙年轻人眼睛一闭就滑进了排花洞。排花洞外面很热，滑进洞内却很冷。靠王方元及重庆制药九厂小虞两人的打火机，我们没走多久就再也见不到光明了——这个时候我们才知道“锅儿是铁铸的”（川渝地区方言，意指利害关系——编者注）了。

又过了好一会儿，我们一行的三男三女再不划“三八线”，而是大手牵小手，在排花洞当中打起转转（川渝地区方言，意即迷失方向，原地打转——编者注）来了。越走时间越长，越走心头越慌。好不容易大家静了下来，一边听阴河的水流声，一边企盼着半腰山下的人上来救我们。又一阵瞎子摸象，连当过兵、转业下来的王方元心里也慌了；几个女生除了把我们的手抓得更紧之外，连一句话都说不出来了，最后大伙儿在心里达成了一个共识：这辈子的小命要丢在排花洞了？

转了一阵又一阵后，我仿佛感觉到我们应该离洞口不太远，下面是不是一个不规则的篮球场呢？于是我决定让小虞等人全部留下来不动，我和王方元靠着绝壁往左手转。真是天无绝人之路啊，转了一大圈，我们又回到了起点。

① 合药洛碛生产车间遗址
② 合药洛碛检验中心遗址
③ 合药洛碛锅炉房遗址
④ 合药洛碛消防队遗址

①

②

这个时候我们才又一次感觉到生命的希望。我把这个地下环路分成几等份，三个男生，叠罗汉，一个重一个，垂直向上爬，爬到第三个结点，再向外爬过去一点点，终于看到了月亮——那是好圆好亮好美丽的月亮哟……

1986—1994 年，西南合成制药厂乘改革开放的东风进入了高速发展阶段。工业总产值从 1985 年的 8515 万元，增长到了 1994 年的 3.77 亿元，增长了 3.34 倍；实现利润从 1615.2 万元增长到了 3903.2 万元，增长了 1.42 倍。主要产品也从磺胺、抗生素、抗结核、解热镇痛等几大类计 11 种原料药，发展到了 8 大类、20 多种原料药并 30 多个医药制剂产品。

我从国营重庆制药机械厂劳动服务公司总经理转任销售科长时，做的最大一单业务就是承接了西南合成制药厂从洛碛搬迁至寸滩的全部搪玻璃反应罐及化工非标准不锈钢设备。

因为业务往来关系，那一大段时间，我经常去寸滩。杨尚

① 合药洛碛厂区环境
② 合药洛碛住宅区遗址
③ 合药寸滩工厂生产车间遗址
④ 合药寸滩工厂生产车间遗址

①

②

元董事长不管再忙，亦不管是中午或晚上的工作餐，他都会抽时间来陪陪我。一次，尚元董事长告诉我：现在的西南合成制药厂，固定资产总额已经达到 2 亿元，是建厂时投资的 13 倍了；工业总产值达到 4 亿元，亦是原来建厂时的 13 倍了。现今合药厂年利税 4000 万元，产品畅销国内 19 个省市和国外 50 多个国家，出口创汇 300 多万美元。在包括重庆在内的西南地区，稳居第一，并被连续多年评为重庆市工业 50 强。

1997 年 9 月 2 日，我“下海”从事自己喜欢的城市园林绿化工程时，西南合成制药厂并华夏陵园、珞璜电厂成了我首批工作的对象。该厂的研究所、饮料厂、合药家园及厂区主干道绿化，都浸透着我们的心血。当年寸滩西南合成制药厂的主干道两边，全是受污染的工业弃土，不采取特殊处理办法，行道树是很难成活的。当年我的总工程师、原重钢后勤处长刘本泉园林工程师很有工作经验，他不惜血本，安排员工打下一米见方的树穴，从远处拉来菜园土，把从南京运过来的高2.5米、土球直径30厘米的雪松栽了下去。雪松是抗污染能力很强的全世界四大景观植物之一。现今路过寸滩的西南合成制药厂，从大门口看进去，一长排亭亭玉立、高十四五米的雪松，就是我们公司的作品。

一天，杨尚元董事长给我来了一个电话，他想兼并附近的一家叫“前进果园”的国有小型农场，以期扩大地盘，让我过去帮他看看，有价值还是没有价值。当年一位姓冉的、个头不高的中层干部，带着我和刘本泉，满山遍野地跑了大半天。勘察完后，我们告诉尚元董事长，就地理条件和性价比而言，值得一口气把它吃下来。现在回过头来看，这单业务给西南合成制药厂带来的经济收益，没有一个亿，也有八千万。

① 合药寸滩工厂药研所
② 合药寸滩工厂动力车间
③ 合药寸滩工厂子弟小学
④ 合药寸滩工厂汽车队

① 合药寸滩工厂家属区大门
② 合药寸滩工厂家属区住宅楼

第06节 川庆化工厂

1981—1988 年，我在国营重庆制药机械厂任团委书记期间，团委办公室和工会办公室是隔壁邻居。当年厂工会有一位图书管理员叫王光荣，她的先生就是洛碛川庆化工厂（简称“川庆厂”）的党委书记，姓付。当年我的工资每个月四十多元，而王光荣老师告诉我，川庆厂的效益好惨了，每个月仅仅奖金平均下来，一个月可以拿到

川庆化工厂现名

一百二三，有时还要发双工资，职工的劳保福利更是不摆了。虽然离主城远了一点，但当年化工局头头脑脑们的子女都会往川庆厂挤。

我第一次去川庆厂是20世纪80年代末转岗销售科长的时候，去的目的当然是联系业务了。那时候交通很不方便，我是从朝天门赶船，在洛碛码头下船上岸，过西南合成制药厂，再到川庆厂——那时候叫101化工厂。

进大门，一幢红色建筑物就是他们的综合办公楼，大门外一排灰颜色的弯弯楼，就是他们的家属区。到了川庆厂的设备科，负责人告诉我：你们厂生产的搪玻璃放料阀质量不好，经常坏。我到生产现场一看，发现工人放料时，用活动的高温蒸汽管阀，指到一个点

① 川庆化工厂洛碛厂区遗址
② 川庆化工厂洛碛生产车间
③ 川庆化工厂洛碛船运码头
④ 川庆化工厂洛碛家属区
⑤川庆化工厂洛碛厂区高塔

③

④

⑤

冲。我告诉他们这种操作方法不当，需要环形加热，冲一个点不动，肯定会冷热不均，就会炸瓷。那次我去销售了几套 3000L 的反应罐，每套价格是 29800 元。

川庆化工厂与西南合成制药厂一样，也是于 1964 年 10 月，化工部在重庆召开的全国化工系统三线建设工作会议，决定把沿海一线的部分大中型化工制药企业搬往内地的。同一批的还有重庆长江橡胶厂、四川染料厂、长风化工厂、重庆东方红试剂厂等。去年底，我和陈洁晶律师一起去了它搬迁至长寿晏家后留下来的老川庆遗址，当时还碰到了几位气质不同于土著的、带东北口音的“老川庆”；大家抬头一笑，仿佛还有些认识似的。

80 年代中期，陈洁晶从重庆工业校检验专业毕业，

①

②

分配到川庆厂负责质检工作。那个时候川庆厂主要生产 2-萘酚，年产量 4678 吨；对苯二酚，年产量 467 吨；6-硝基 -1、2、4- 酸氯体 - 酸性媒介黑，年产量是 225 吨。“皮革染料年产量 3 吨，硫酸锰年产量 394 吨；那个时候的川庆厂大门口的车停了一大串，人家等米下锅啊！”说起川庆厂昔日的辉煌，陈洁晶那是满脸笑容，如数家珍。

1966 年 8 月，化工部决定投资 690 万元，在川庆厂新建年产 2000 吨的 2-萘酚项目；1967 年开工，1971 年 6 月竣工；7 月，化工试车一次性成功。2-萘酚以精萘和烧碱为主要原料，采用磺化、碱溶法工艺制造，当年由于这样那样的问题，只生产了 304 吨，随后逐年放大且进入了常态化生产。1980 年，川庆厂对该产品投资进行了技术改造，使其年产能扩大至 3000 吨；次年又增加到 5000 吨，并通过广交会打开了出口通道，使该厂经济效益得到了有效提高。

川庆化工厂的对苯二酚是 1967 年化工部为川庆厂第一期工程追加的一个建设项目。当年由重庆市化工设计室设计，年生产能力为 300 吨。这个项目 1968 年 5 月破土动工，由于受“文化大革命”的影响，直到 1975 年 9 月才建成投产。该产品采用苯胺和二氯化锰在硫酸介质下氧化成对苯醌，再经过铁粉还原而成。全部生产过程要经过 9 个化学反应步骤、15 个岗位生产。该产品也于 1985 年进行了扩能至 500 吨的技改。产品送广交会展销，又是一炮打响。

6-硝基 1、2-重氮基萘 -4-磺酸是 1975 年 1 月经石化部批准，川庆厂为四川维尼纶厂合成纤维配套的染料中的一个中间体生产项目，当年设计生产能力为100吨，1978年小试完成，1983年3月建成投产。该产品采用2-萘酚溶解、硝化、重氮化处理进而完成其工艺流程。1985年，经该厂加强全面质量管理之后，方达到满负荷生产，年产品合格计96吨，较好地满足了四川维尼纶厂生产的基本需求。

1994年，陈洁晶已成家生子。经过世界性金融危机和企业环境问题的折腾，川庆厂的经济收入已不能满足她一家人的基本生活和家庭发展需要了，加之自己的爱好和向往，陈洁晶开始了系统的法律学习，并通过了艰难的“律考”，走上了执业律师的道路。今天，她开车重下渝北洛碛，我们围绕着已经被拆得差不多了的老川庆厂生产区和几乎原封不动的老家属区。已经过去了的那火红

① 川庆化工厂晏家新厂区办公楼
② 川庆化工厂晏家新厂区合成塔
③ 川庆化工厂晏家新厂区一角
④ 川庆化工厂晏家新厂区车间

年代当中的一幕幕，那业已刻在脑海深处的记挂，一下子全都浮现在了眼前。

鼎盛时期的川庆厂，每年出口创汇2000多万美元，主要产成品远销美国、日本、欧洲及东南亚等二十多个国家及地区，川庆厂多次跻身于重庆工业50强。

① 川庆化工厂晏家新厂区车间
② 川庆化工厂晏家新厂区车间

第07节 江北机械厂

离心机是一种将比重不同的悬浮液物体分离开来的设备。它广泛应用于化工、化肥、食品、石油、轻纺和开发矿产资源、保护环境、国防工业等方面。

1953 年，江北铁工厂先后为四川内江、贵州塘厂、北碚的大新药厂生产过 5 批上悬式离心机。1958 年江北铁工厂更名为“四川省江北机械厂”。1965 年三线建设时期，第一机械工业部会同四川省机械厅，选定江北机械厂专业分工生产离心机，并把它列为全国定点的八大离心机专业

江北机械厂现厂址

①

②

生产厂家之一。

按当年的设计能力，江北机械厂是年产100台离心机。一机部决定投资95.83万元，由广州重型机械厂内迁职工55人，调主要设备30台，其中有两台WH-800型卧式活塞推料离心机，重7.7吨，成为江北机械厂"离心机之母"。1966年，江北机械厂好不容易仿制了16台离心机出来，从此拉开了重庆市离心机产业化生产的大幕。1973—1985年，经过两次技术改造及扩能工程，生产和检测条件得到了不断的提高和完善，江北机械厂的品种也由1965年的1种，发展到了8个系列、42个品种，并成为全国最大的离心机专业生产厂家、行业排头兵、机械工业部的骨干企业。

截至1985年，二十年内江北机械厂共生产了8类离心机4352台，累计实现利润3095万元，占一机部系统年产离心机总量的37.4%。职工1688人。

1968年，江北机械厂试制成功了WH-800A型离心机，它与1965年内迁时带过来的 WH-800 型离心机相比，重量减轻了 25%，而效率却提高了一倍。该机大量应用于化肥、制盐等工业。仅这一项技术创新品种，截至 1991 年，江北机械厂就生产了 2068 台，且装备了全国 700 多家小化肥厂。1988 年，江北机械厂又改造升级推出了比原设备生产效率提高了一倍的 WH-800C 型。

我在国营重庆制药机械厂工作期间，以我们厂为主，联合江北机械厂等 5 个单位，成立了一家销售公司——西南制药机械成套设备销售公司。我任销售科长期间，帮助江北机械厂销售了不少三足式离心机。这个产品也是该厂 1968 年研发的。在 20 世纪八九十年代，因为这个品种操作方便，适应性强，所以深受市场欢迎，时不时还供不应求，有时甚至需要我亲自打电话过去，江北机械厂才可以调节二三台出来。

① 江北机械厂老厂区遗址
② 江北机械厂老厂生产区遗址
③ 江北机械厂老厂生产区遗址
④ 江北机械厂老厂技工学校遗址

①

②

③

向日葵福利院
④

1989 年，在西南制药机械成套设备销售公司一次春节联迎会上，该厂销售科长告诉我：他们厂聘请了美国离心机专家，联合开发研究成功了 LW355–1420 和 LW355–1065 的螺旋卸料离心机。他说这种离心机分离效果更好，甚至还可以用来提纯铀。作为一种特殊保密机械，只能供给定点的军工厂使用。

我在任国营重庆制药机械厂销售科长时，还同时兼任着覆盖云、贵、川、桂的西南经营部总经理。那个时候，我们厂的经济效益和市场认可度在西南地区和江北机械厂一样，都是很高的，两家相互之间也走得比较勤。他们来沙坪坝，我们去水土，像走亲戚一样，厂长都要出面接待的。我们厂和他们厂都有几十个人规模的研究所，新产品不断推出，企业很有活力。我“下海”经商后，

⑤

⑥

① 江北机械厂老厂礼堂
② 江北机械厂老厂水塔
③ 江北机械厂老厂家属区
④ 江北机械厂老厂礼堂福利院
⑤ 江北机械厂鱼嘴新厂区
⑥ 江北机械厂鱼嘴新厂区

基本上再没有联系过江北机械厂了。前几天，我们重庆三线两会几个专家教授，再次去到水土和鱼嘴，考察老厂和新区，那真的是对比太强烈，让人浮想联翩，感慨良多。一家国有企业，兵熊熊一个，将熊熊一窝；像一个好的家庭一样，只要当家人顶天立地，这个家再差也差不到哪里去！

水土、鱼嘴到重庆主城区的距离，两者相差不多，江北机械厂为什么非要“调整”不可？非要搬迁不可呢？水土的江北机械厂搬走了，给有着厚重三线建设历史的故土留下的是一地鸡毛，破败而凋敝；而新的鱼嘴江北机械厂，已被江苏一家民营企业控了股，再漂亮的厂房也只有空荡荡的300多人了。在我的眼睛里，如今现代化的江北机械厂再美，也比不上昔日水土那边的麦浪一片、稻谷飘香……

① 江北机械厂鱼嘴新厂区
② 江北机械厂鱼嘴新厂区

第08节　四川仪表六厂

重庆的仪表工业形成于抗日战争时期，当时从沿海转移到重庆的企业有5家：精一科学机械制造厂、上海鼎丰制造厂、瑞新制磅厂、南京度量衡厂、水工仪器厂。抗日战争胜利后，这5家企业又回迁到原地。新中国成立后到60年代中期，重庆仪表工业有了初步的发展；从1965年开始，直至1980年的“三线建设”时期，是重庆仪表工业的

四川仪表六厂大门

大发展时期。这十五年间，重庆新建、迁建、扩建的仪表工业企业有28家，其中内迁23家。江北县的仪表工业也是从那个时候才开始起步的。

四川仪表六厂是国家三线建设期间，定点生产半导体器材的专业生产厂家。该厂于1969年由锦州红卫仪表厂内迁至江北县的水土镇（原江北县的县政府所在地）的旧址上。1970年7月正式投入生产。投产初期，只能生产晶体二极管、晶体三极管这些初级产品。1978年，四川仪器六厂试制成功了中规模集成电路；1979年，生产中规模集成电路15个品种，大规模集成电路也有了1个品种；总产量达到了30万件。从1978年开始，该厂连续三年获得机械部集成电路一条龙生

① 四川仪表六厂办公楼
② 四川仪表六厂办公楼（原江北县府）
③ 四川仪表六厂生产车间
④ 四川仪表六厂生产车间
⑤ 四川仪表六厂生产车间

③

④

⑤

产质量竞赛第一名，并实现了 2 项产品不经用户筛选就可以直接上机，上机率达到了 96% 以上。1980 年，四川仪表六厂的中规模（TTL）集成电路获一机部科技成果二等奖。

1984 年，该厂从美国引进了具有 80 年代初期最高水平的集成电路生产线及检测设备，新增大中规模集成电路 100 万块，总投资为 300 万元。从美国赛尼特隆公司引进的这条集成电路生产线，采用 NMOS 金属栅、硅栅和 SMOS 金属栅工艺技术，产品的集成度可达到相当于 32KROM、4K 静态 RAM（每个芯片上可以集成 2 万～3 万个元件）。生产线投产后，该厂产品已从小规模为主，扩大到中、大规模为主，产品结构已从普通型转为机、电、仪三位一体的专用型生产企业。四川仪表六厂与时俱进，不断创新。随后又从日本横河北辰电机制作所引进了与 ER 记录仪配套的高精度氮化钽薄膜电阻的制造技术。该产品在一块基板上，可以集成 13 个不同阻值的电阻。产品精度高、稳定性长，在 100 摄氏度的环境下，长达 10 年电阻值变化不超过四分之一。

我很早以前就听说过老江北县的水土镇有两家三线建设时期迁建过来的仪表厂，其中一家叫四川仪表六厂，但一直不知道它的具体位置。2021 年元月，我们重庆三线两会组团考察了江北机械厂后，问了一下该厂的老同志，方才知道四川仪表六厂居然临它们而居。

四川仪器六厂战线拉得很长，从江北机械厂山顶的尽头，直下三千尺的一大片家属区及生产厂房，再到 50 年代江北县人民政府的旧址，全是四川仪器六厂的地盘。三线建设时期，我们国家经济底子真的很薄，并且搞三线建设也是被逼出来的。那个时期投下去 2000 多个亿，2000

①

②

多个项目，扣除攀钢、襄渝铁路这些“大块头”之后，摊下来投资真的不算多的了。像四川仪表六厂，利用搬迁之后留下来的老江北县的旧址，算很勤俭节约的了。就这样，原来江北县的人民大礼堂，就变成了四川仪表六厂自己的标配俱乐部，真的是一举两得。从江北机械厂山上下来，过马路一问，上了年龄的人，都知道这个“江北县人民大礼堂”的。

我查了一下 1993 年四川辞书出版社出版的《四川省机械工业志》，四川仪表六厂除了生产数字电路之外，还生产硅稳定二极管和线性电路。引进美国生产线，引进日本生产线，加上内迁企业有很大的人才优势、技术优势、政策优势，企业还在不断地创新，有很大的发展空间的。

① 四川仪表六厂书记别墅
② 四川仪表六厂家属区
③ 风韵犹存四川仪表六厂
④ 风韵犹存四川仪表六厂

四川仪器六厂在三线建设调整前的1985年，有固定资产原值738万元，正式职工586人，年产量47万只，总产值710万元，纯利润为81万元。三线建设调整，四川仪表六厂就被一分为二了，好一些的技术和管理人员去到四川仪表总厂，从事管理和研发工作去了，剩下的一线技术工人被兼并到了不远处的“姐妹花”四川仪表七厂去了。

① 风韵犹存四川仪表六厂
② 风韵犹存四川仪表六厂

第09节　四川仪表七厂

四川仪表七厂是由原一机部沈阳仪器仪表研究所弹性元件研究室负责包建内迁到的重庆，并于1971年建成投产。当时的设计能力是年产6万件金属波纹管。沈阳人干事很实在，他们在1975年就突破了设计能力，并开始着手开发特种波纹管，其产成品多次应用于高能物理、航天航海工程。1983年，其产量达到了40万件，比当初的设计能力6

四川仪表七厂大门

① 四川仪表七厂办公楼
② 四川仪表七厂车间
③ 四川仪表七厂车间
④ 四川仪表七厂冷却塔
⑤ 四川仪表七厂理化室

倍还要多。

弹性金属波纹管是个什么东西呢？很多人不认识它，我于1987—1997年在国营重庆制药机械厂任劳司经理和销售科长时，曾和它有过亲密接触，并与厂技术科长李有叙、永荣矿务局劳服司的庞荣安，一同研发出了带弹性波纹管的机械密封，为自己的工厂和永荣矿务局带来了不少的财富。

我在国营重庆制药机械厂任劳司经理和销售科长时，经常跑一线，一次我带车，与技术科的刘云龙——毕业于重庆大学机械系的大学生，到永荣矿务局劳服司的净水剂厂，遇到了该厂的庞荣安总工程师。庞总正在搞技术革新——加大搪玻璃反应罐的压力，让其中的化学反应更快更充分，以期提高它的收得率。但出现的难题是：我们原来配套的搪玻璃密封压不住。回到工厂以后，我和小刘在技术科长李有叙的支持下，查找了很多资料，发现四川仪表七厂生产的弹性金属波纹管能解决这个问题。经

④

⑤

过两个月时间的努力，我们共同研发的“弹性波纹管机械密封”问世了，终于解决了 20 千克及以上的压力容器的密封问题。

四川仪表七厂是一家勇于进取、勇于创新的实体经济，它们在生产传统的环形波纹管、长环形波纹管、多层不锈钢波纹管、焊接波纹管等品种的同时，还千方百计把自己所掌握的高科技应用于特种波纹管 CL28*1-12*8 金属波纹管，D102 双层不锈钢波纹管上，并获得了 1982、1984 年度的市级优质产品荣誉称号。

据悉，四川仪表七厂的弹性元件还助推了我国的航天尖端器械的上天入地，为国防建设作出了积极的贡献。

1971—1985 年，四川仪表七厂累计生产波纹管近 100 个品种、226 万件，其大型多层波纹管还获得了一机部的科技成果奖。据 1993 年四川辞书出版社出版的《四川省志 · 机械工业志》记载，四川仪表七厂当年有职工 407 人，固定资产 469 万元，总产值为 794 万元，纯利润是 288 万元。而当年四川仪表六厂的纯利润只有 81 万元。

三线建设时期，国家本着“小而精、小而专、成系列并配套”的原则，从全国战备的角度，花大力气汇聚了自动化仪表、仪表材料两个国家级研究所。中国的实体经济应该着重培养员工的整体素质，继而形成庞大的研发潜能，只有不断地创新创业，我们的实体经济才能百尺竿头，更上一层。

① 四川仪表七厂科研室
② 四川仪表七厂 产品展示厅

第10节　川江港机厂

1997 年一个隆冬的夜晚，原国营重庆制药机械厂党委书记曾庆火、副厂长陈大善和作为销售科长的笔者，同刚刚从渝北区划归江北区的五宝乡乡长徐圣萍，谈好一个完整的濒临长江的生产队的五十年土地使用权转让合同之后，已是伸手不见五指。在乡场上简单地晚餐后，陈大善开着深蓝色的“北泉牌”越野车，我们三人一起从五宝乡返回沙坪坝。

那个时候，渝长（重庆—长寿）高速公路还在规划当

川江港机厂遗址

①

②

中，从五宝乡途经鱼嘴、铁山坪的 50 千米泥石路，要开四个多小时才能回家。从五宝出发不久，大家完成了协议，本来多高兴的，但离鱼嘴不到三千米的路上，我们再也高兴不起来了：车子滑进了沟里，前后上下再也动弹不了。我们只能摸黑步行到鱼嘴镇上唯一的一家旅社，每个人 5 块钱，睡一间上下铺的板床。办理入住旅社手续后，我们去派出所报案，才知道出事故的那个地方叫“川江港机厂”。

在渝长高速公路修好之前的相当长时间内，我前前后后路过川江港机厂近百次。因为在它的地界“翻了车”的缘由，我都没有正面看过它一眼，更莫说进去了。直到 2020 年岁尾，重庆三线两会与渝北社科联并区委宣传部谈好，要一起做一篇“重庆渝北三线建设掠影”的作业，我才开始安排踏勘川江港机厂的工作。一探川江港机厂，派的是公司五宝农场场长高万华去，他开着摩托车在外面转了一大圈，回复我：川江港机厂被重庆果园港兼并了，现在什么都没有了。“怎么可能连影子都没有了呢？”我不信这个邪，亲自带车二探川江港机厂。地方是找到了，但门卫不让进去，要办手续且等待审批，我只能在附近照了几张相片，打道回府。三探川江港机厂，我动了一下脑壳，先安排自己的员工设法找到果园港里面的一个“内线”，用他的自备摩托车，把戴着头盔的自己送进了昔日的川江港机厂。从生产区到家属区，从伙食团到技工学校，地面的房子被消灭得干干净净，我也只能“考古”去了。

三线建设立足“早打、大打、打原子弹”，在长江上游以重庆为中心，布置了包括猎潜艇、快艇、潜水艇以及常规动力柴油发动机、仪器仪表在内的30多家船舶工业企业。在这种格局下，由国家交通部安排

① 川江港机厂遗址
② 川江港机厂遗址
③ 川江港机厂遗存的设备
④ 风韵犹存的川江港机厂江岸

①

一家港机厂，作为三线建设对抗第二次核打击力量的支撑和骨干企业，那就是顺理成章和理所当然的了。

我很后悔错失了收集川江港机厂的本来可以信手拾得的图片和资料，但好在我们重庆三线两会已与渝北宣传部并社科联达成意向，请它们去补上这一课，应该是问题不大的。关于川江港机厂，我手上有一本1994年中国文史出版社出版的《长江航运史大事记》，里面明确记载了三线建设时期的1966年4月，长航局成立了“扩大川江综合运输能力的指挥部，简称66指挥部”。川江港机厂正是搭这班顺风车孕育而生，由国家交通部于1969年6月1日正式下文，总投资为3500万元。最近一个偶然的机会，我从民间收集到1971年7月3日，川江港机厂（71）川后字004号原文“关于急需水泥的紧急报告”。报告中所描写的3000名三线建设战士战天斗地的火热场面，以及对急需4255吨水泥赶工铸工、锻工车间的渴望，都历历在目地展现在我们面前。什么是三线建设的场景？这就是很典型、经典、生动的一个画面。

据2009年版的《江北县志》记载，1986年，建成后的川江港机厂已经能够年产船舶起重机7台，民用钢质船舶8艘。但我1997年入住五宝乡后，就听说川江港机厂一天不如一天了，后来又听说港机厂破产了、重组了。好在今天“考古”去到了原川江港机厂的遗址，看见的是长江上游航运中心建设的又一标志性工程——果园港，一座充满了生机和活力的现代化内河联运码头，我国最大的内河水、铁、公联运枢纽港。

① 风韵犹存的川江港机厂
② 川江港机厂原址重庆果园港
③ 川江港机厂原址重庆果园港

第11节　重庆压缩机配件厂

重庆压缩机配件厂是由原上海第一压缩机厂一分为二、内迁包建的三线企业。1968 年破土动工，1972 年正式建成投产，为大、中、小型各类空压机、冷冻机和化工用压缩机主机生产厂和维修提供配件。该厂环境优美，连续多年被评为重庆市“园林式单位”和绿化先进集体。

重庆压缩机配件厂主要产品有阀片、轴瓦、曲轴、连杆、十字头销等。从 1979 年开始，该厂连续四年获行业质量评比第一名。1985 年，该厂从联邦德国进口了高精度

①

双立柱双端面磨床，大大提高了环阀的平整度和生产能力。该厂生产的 9 大类、185 个机型、1180 多种规格的空压机、冷冻机配件，深受用户欢迎。

1988 年，该厂拥有职工 391 人，其中工程技术人员 31 人；固定资产原值 615.34 万元，主要生产设备 130 多台；占地面积 5 万平方米，其中生产面积 8346 平方米；企业拥有 80 万件环状阀片、10 万件连杆轴瓦、5 万件衬套的生产能力，以及连杆、曲轴、十字头销、舌簧阀、十字滑板和活塞杆年产 300 万件以上。1988 年该厂完成工业总产值 300 万元，实现税利 54 万元。

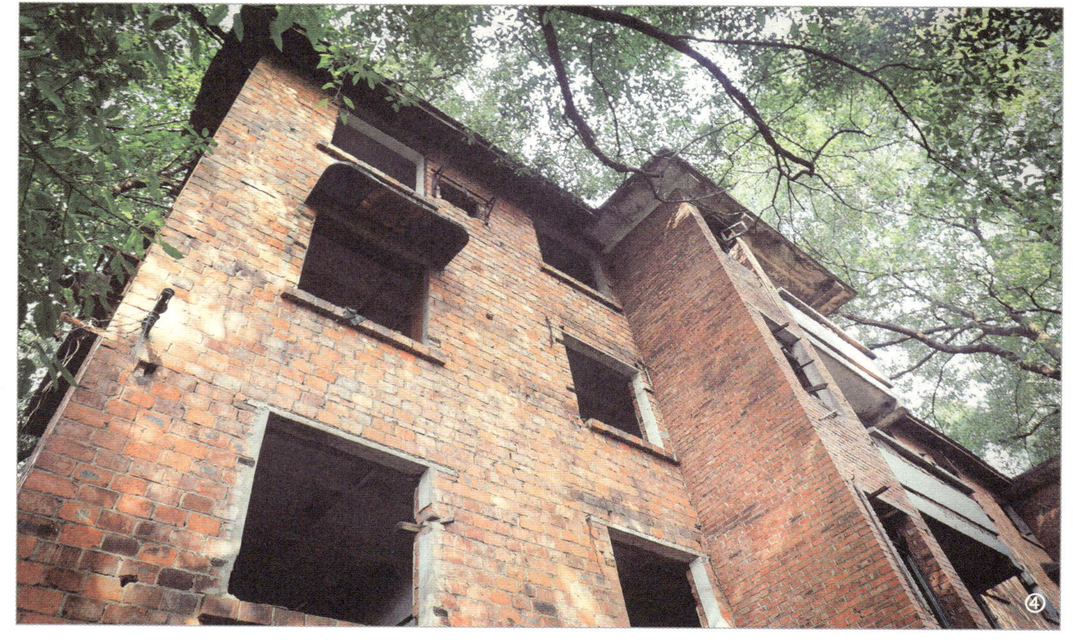

① 曾经的“重庆市园林式单位”
② 曾经的“重庆市园林式单位”
③ 仅存的职工住宅楼
④ 仅存的职工住宅楼

第12节 江北氮肥厂

如今的渝北区GDP2021年达到了2235.6亿元，跃居重庆市第一。过去在三线建设以及随后的调整期，它曾经是重庆市的一个抬不起头来的农业大县——江北县。1986年，该县全年粮食作物种植面积为109046.6公顷，其产量仅有387.435吨。为什么呢？因为1986年，江北县仅产碳铵3.5万吨，农田化肥处于一种供不应求的状态。

“珍宝岛事件”之后，三线建设进入了以“备战、备荒、为人民”的历史阶段，这一阶段的核心任务是“深挖洞、

①

广积粮、不称霸”。为了实现这一目标，国家投入72个亿，大力兴建包括“小化肥”在内的“五小”工业。江北氮肥厂就是在这种状况下于1970年7月开始建设的。

同时期，在现重庆市的范围之内，建有小合成氨为主的氮肥厂共计23家，其中有江北、万县、铜梁、南川、合川、丰都、忠县、北碚、璧山、巴县、南桐、江津、垫江、长寿、开县、梁平、奉节、长寿洛碛、云阳、涪陵望江、永川等，都以始建合成氨年产3000吨并碳铵1.2万吨为起跑线。这个低“起跑线”与当时当地的投入资金，以及化八院的设计分不开。据相关资料显示，江北氮肥厂1972年8月得以建成，至1975年它的合成氨生产能力仍然是3000吨，1980年技改后年产达到了5000吨，1985年技改后其年产达到了7000吨。

1987年7月，为了解决

① 江北氮肥厂大门
② 江北氮肥厂办公楼
③ 江北氮肥厂生产车间

江北县化肥供需矛盾，重庆市经委批准了江北氮肥厂年产1.4万吨合成氨的“填平补齐”技改工程，实际投入资金231.8万元，于1988年7月竣工且一次性试车成功，是年增产碳铵1.8万吨，增加利润100万元以上。

1991年3月，江北氮肥厂全面完成了“3·4”工程，即扩建年产合成氨3万吨、尿素4万吨工程。同年6月，化工投料一次性试车成功，从此结束了重庆市不产尿素的历史，其合成氨、尿素的产量、质量、消耗等经济技术指标均优于设计水平。

至1994年，该厂的合成氨达到了3.5万吨、碳酸氢铵5.5万吨、尿素2.8万吨，实现工业总产值4000万元。

① 江北氮肥厂生产车间
② 江北氮肥厂生产车间
③ 江北氮肥厂生产车间

第13节　重庆汽车电器厂

重庆汽车电器厂是中国汽车工业零部件工业公司在西南地区定点生产汽车发电机、起动机的专业厂，产品以“山城”牌商标注册，在行业内有一定的影响力。该厂始建于1958年，原名“光明蓄电池厂”；1960年改名为“两路口电器修理厂”，1963年归重庆市二轻局金属公司领导，改名为“重庆红旗汽车电器厂”，1973年改名“重庆汽车电器厂”。1982年划归重庆汽车工业公司领导。

三线建设前，该厂以生产汽车电机、配件和蓄电池

被房地产开发了的重庆汽车电器厂生产区

为主，兼营一些修理业务。三线建设开始之后，该厂开始生产汽车电机总成，并开发出了5种适销对路的新产品。1986年，生产各类电机及配件8万套，工业总产值完成400万元，实现税利54.03万元。当年，为适应生产发展的需要，该厂在江北县的龙溪镇工农五村征地32.67亩，总投资500万元，完成新厂的建设6472平方米。

1988年底，该厂拥有在职职工419人，其中工程技术人员37人，固定资产800余万元。主要设备298台，其中金切机床287台。当年完成工业总产值325万元，实现利润24万元。全年生产汽车发电机、起动机、各类配件13.9万件，形成交、直流发电机和起动机3大类、10个系列、22个规格的产成品。

① 重庆汽车电器厂原址
② 重庆汽车电器厂原址
③ 重庆汽车电器厂原址

第14节　重庆洛碛化工厂

20 世纪 80 年代初，我曾去江北县的洛碛多次，也知道在那个地区有三大化医企业，老大当然是西南合成制药厂了，其次是 101 化工厂，幺老弟就是重庆洛碛化工厂。这次“跑三线”，我们还是花了很多工夫，问了不少老同志，才找到这家已更名为“重庆市春瑞医药化工有限公司”的企业，原来它就是过去的洛碛化工厂。

重庆洛碛化工厂主要为西南合药厂和 101 化工厂配套生产化工中间体。当时农村化肥很紧缺，再加上国家鼓励

重庆洛碛化工厂大门

“五小”工业，它就于1974年转产了合成氨，并于1977年投产。这家厂始建合成氨时的规模只有3000吨/年，并且工艺流程比较落后，基本上靠的是人工控制，以煤炭为原料，经济效益不高。

1980年，通过技术改造，该厂开始改用天然气为原料，合成氨生产规模扩大到了年产5000吨。在其生产过程中，该厂注意了“三废”的治理和综合利用，原来对合成氨的废气采用敞开式鼓泡吸收法进行回收，氨回收率不到20%；后来采用塔式填料吸收，使氨回收率提高到了85%，较好地提高了企业的经济效益。

① 重庆洛碛化工厂新厂名
② 重庆洛碛化工厂遗址
③ 重庆洛碛化工厂遗址

第15节　长航重庆五七水泥厂

1965年，三线建设在全国展开后的第二年，“文化大革命”又被错误地发动了起来，随之而来的是全国包括水泥等在内的物资匮乏，国民经济随后到了崩溃的边缘。

近日，我花了一些时间寻找和查阅了20世纪60至70年代长航重庆分公司的历史档案，发现其生产用水泥缺口特别大，包括长航系统国家三线建设重点的66号工

长航重庆五七水泥厂外景

①

②

程——东风船厂、港机厂、驳船厂等各生产单位申请和紧急申请水泥的报告，几乎占了长航重庆分公司基建口文件约三分之一强。

1971 年 3 月 8 日，长航重庆分公司革委会以“渝航革（71）第 19 号”文件发出了“严格控制水泥用量的通知”；紧接着的 6 月 28 日，长航重庆分公司革委会又发了一个编号为“渝航革（71）第 44 号”文件，给四川省革委会交通局革命领导小组“关于水泥缺口情况的报告”：上半年由于水泥缺口严重，猫儿沱隧道工程 2000 多人停工了两个多月，川江港机厂大型预制件上不去……长航重庆分公司预计当年水泥缺口就达到了 6560 吨。一边是“备战、备荒、为人民”的三线建设刚性任务，一边是水泥奇缺，没货。为此，长航重庆分公司作出了一项艰难的决定——自力更生办一座“长航重庆五七水泥厂”。

1971 年 3 月 8 日，长航重庆分公司革委会向江北县革委会以“渝航革生（71）字第

037号文”发出了“关于申请征用小水泥厂土地的函”。文件明确：厂址选在你县所辖洛碛区龙洞子与葫芦滩之间的沿长江地区。当年征地的包干费用是每亩2000元——这就是现在江北五宝水泥厂的由来。

长航重庆分公司举全司之力，用47天时间，以三线建设集中人、财、物打歼灭战的形式，建设了这座有时代特色的小水泥厂。1971年3月13日，长航重庆分公司革命委员会以“渝航革（71）字第20号文”，给“自己”的本司生产指挥组下了一个文，要求确保本年度“五一”前建成投产一座规模年产6000～8000吨的小水泥厂。这个计划从现在的角度来看，是不可能完成的。但在三线建设时期，真的是革命加拼命了——因此，从这

③

④

① 长航重庆五七水泥厂工作船
② 长航重庆五七水泥厂二楼平台
③ 长航重庆五七水泥厂办公室
④ 长航重庆五七水泥厂理化室

个层面来看，五宝的长航重庆五七水泥厂完全可以是重庆地区的一座生动的三线建设历史博物馆了。

1971 年 4 月 5 日，长航重庆分公司又以军代会和生产指挥部联合行文，编号“(71) 第 069 号”，报告自己的顶头上司——长江航运公司革委会，要求拨款 24.7 万元，编制 129 人，用“自力更生”的方式建成长航重庆五七水泥厂。

我在五宝工作有 23 年之长，只知道 80 年代后，五宝有一座废弃了的水泥厂，甚至去过它的由生活区改建而成的“农家乐”，但真的不知道它的历史性贡献和全称。去年五一节我开始研究三线建设，从收集的

① 长航重庆五七水泥厂焙烧转炉
② 长航重庆五七水泥厂的巨型电动机
③ 长航重庆五七水泥厂设备配件
④ 长航重庆五七水泥厂锅炉
⑤ 长航重庆五七水泥厂立柱式焙烧窑
⑥ 长航重庆五七水泥厂设备配件

③

④

⑤

⑥

历史资料和走访当事人，才揭开了这段历史真相。

长航重庆分公司下达的具体任务是：东风船厂打主力，担任球磨机、烘干机、成球机、鼓风机和立塞冷作件的制作和安装；662 工程筹建处担任全部土石方和土建工程；川江港机厂担任高压输电线及给水设施的安装；664 工程指挥部担任电话线的架设；航修站担任球磨机钢球的制造；重庆港务局及施救站负责提供施工用的船只等。

过去，与我相邻的这座小水泥，我们只知道它叫五宝水泥厂，还以为是五宝乡废弃了的乡镇企业呢。通过资料的收集，知道了它的血脉；再通过深入的考察调研，知道了它的全称。在这座废墟附近住着一位 1927 年出生、现年 94 岁还能砍柴的熊泽华老人，他告诉我们：这座小水泥厂原来的编制是 129 人，他在里面做过临时工。后来“文化大革命”中只有 60 多人了；而且大多数是重庆长航系统的“读书人”“臭老九”，他们在这里劳动改造，做活路多认真的。后来到了 80 年代，市场化改革开始了，重庆长航不再缺水泥了，厂子就关门了，就再也没有人去管它了。

最近我联系了五宝镇的主管领导，如果条件允许，我们重庆工程师协会三线建设专委会可以配合五宝镇，办一座公益性的“江北三线建设博物馆”。

① 长航重庆五七水泥厂火炉遗存
② 长航重庆五七水泥厂炉窑遗存
③ 长航重庆五七水泥厂趸船
④ 长航重庆五七水泥厂原职工住宅区

第16节 重庆绸厂

重庆绸厂的前身是长江织造厂，是1958年4月由丝棉织生产合作社和三元野生纤维厂合并而成的全民所有制企业。随后又于1959年9月并入八一再生棉织厂，1960年又将联盟针织厂、建业福利厂、防雨篷布厂的一个车间并入，时有职工800多人，主产品为手帕。1971年，所产手帕达到了721.5万张，创工业总产值143.8万元，税金24.1万元，利润32.4万元。

三线建设开始后的1965年，该厂从市中区响水桥搬

①

迁到了当时江北县的松树桥，国家投资42.7万元，连续4次征地，增添设备，扩建厂房和职工宿舍，全厂共分为染整、织造、印花、成检、机修5个车间，直到1976年，该厂接受了改建成重庆绸厂的转型任务，提出“以老厂养基建、以手帕保绸厂”的口号，开始了第二次大跨度的行业转身。

1979年5月，改建绸厂破土动工，到1981年初，素机、花机车间的土建相继完工，至年底，安装丝织机137台，并先后试制成功三花、独花、通花被面、低弹花呢、02、07双绉、洋纺、羽纱、人丝缎等十多个丝绸产品。至1983年，300台丝织机全部形成了生产能力，当年完成工业生产总产值660万元，生产丝织品184万米，上缴销售税金78.12万元。

① 重庆绸厂留下的宣传栏
② 重庆绸厂留下的家属楼
③ 重庆绸厂留下的壁画墙
④ 已被开发了90%的重庆绸厂原址

第17节 重庆市第二建筑材料厂

一

1967年，我回到老家营山县。一次偶然的机会，在营山县的南溪乡，第一次接触到建筑材料——筑土墙。当时在父亲的支持下，在农村行医的爷爷陈玉清和婆婆决定，把原来的老宅拆了，在原来的地基上扩建一套四室一厅的“干打垒”出来。四室者，除了爷爷婆婆一间外，还有我的父亲、三爸和二爸各一间。那时候的幺爸不过十岁，

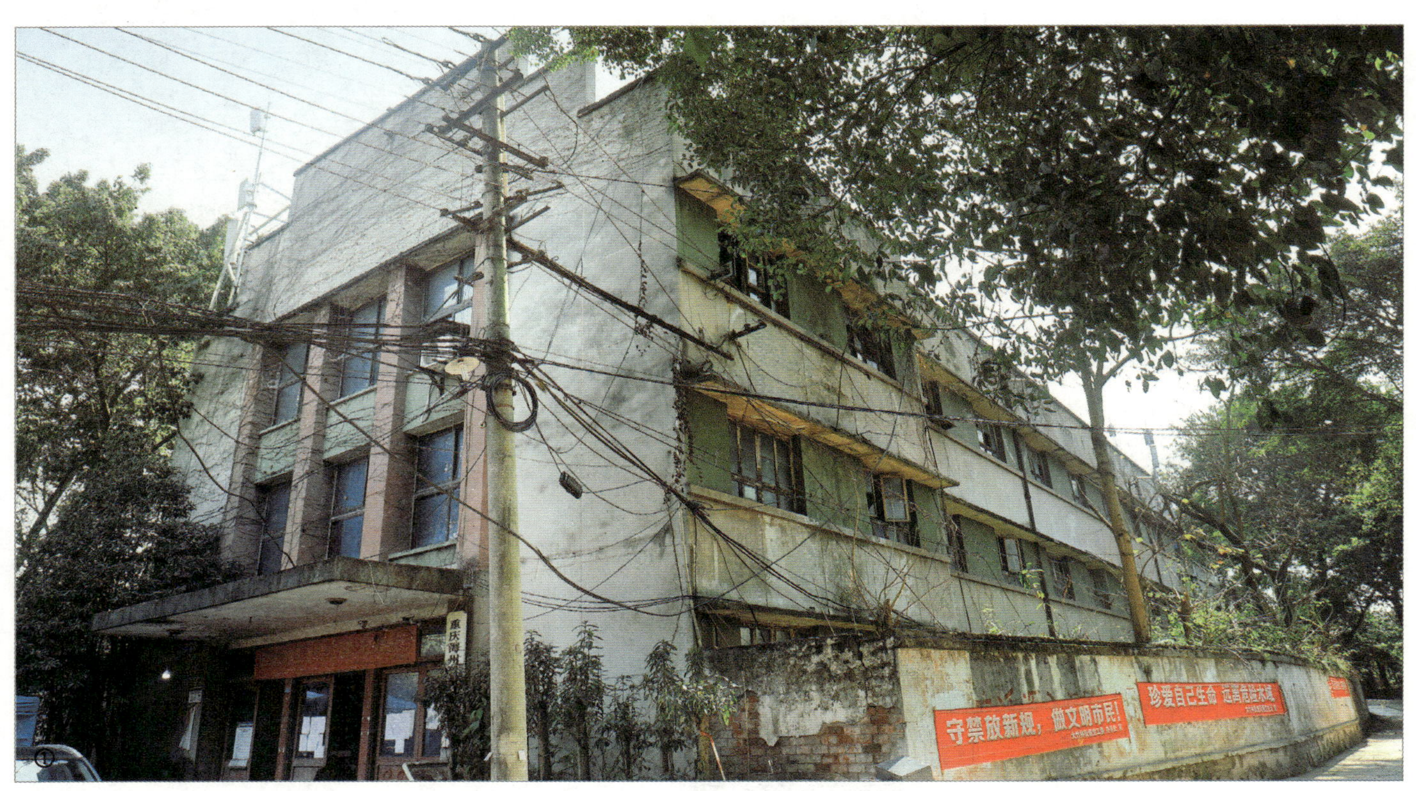

①

“还没有打他的米”（川渝俚语，意为“还没有筹划，没有做准备”——编者注）。

在农村修建房子可不是一件简单的事，那个时候生活条件差，经济很不发达，虽然不需要办任何手续，但建筑材料奇缺，加上交通不方便等原因，只能就地取材。地基不太困难，本地的坚石多得是；房屋的四个面墙，筑的是土墙，烧点石灰加进去，周围的贫下中农免费过来帮忙筑，盒子一关，也很快的；屋上的梁，砍几株自留地里的树，也不是大问题；最缺的就是屋子中央的砖和头顶上的瓦了，这个要自己去烧制。

当时我才 7 岁，烧砖瓦是一点都帮不上忙，最多是婆婆用柴灶把开水烧好了，我用锑壶送送开水而已。自制的工场离建筑工地不远，二爸陈才敬带头挖泥巴、关模、做砖瓦，

① 重庆市第二建筑材料厂电影院
② 重庆市第二建筑材料厂码头
③ 重庆市第二建筑材料厂渡口

非常卖命，整天乐滋滋的。朴实无华的七八个壮劳力，挖泥巴，用木棒搅拌，像和粉面一样，翻了一遍又一遍。最后关模，做好晾干后才能进灶子。

在四川农村，烧砖瓦可是一个技术活儿，得请本地的祖师爷掌火。晾干后的砖瓦、煤炭和柴火，怎么样摆放，全部由他统一调度、安排。烧的砖瓦，窑炉及工程量可不小，没有三五天是下不来的。一个暑假下来，好不容易才把老家建新房所需要的砖瓦准备好。我当时就在想，我们农村这么穷，这么艰难的自产砖和瓦，为什么国家不多开几家砖瓦厂呢？

① 重庆市第二建筑材料厂“供销社”区域
② 重庆市第二建筑材料厂生产区一角
③ 重庆市第二建筑材料厂压砖机
④ 重庆市第二建筑材料厂配电房
⑤ 重庆市第二建筑材料厂生产区一角

③

④

⑤

二

自 2020 年 5 月我和团队"跑三线"业已超过 500 家了，三线建设之企事业单位，没有一家离得开砖和瓦的，我情有独钟地亲切叫它们"三线青（砖）""三线红（瓦）"。

我一直在思考这个问题：我们大重庆上千家三线企业，需要海量的砖瓦，这个问题是怎么解决的呢？所以从 2022 年春节开始，我花了一些时间开始研究了一下四川的墙体屋面材料工业的历史。

在古代，四川城乡各类房合墙体、屋面材料有砖（包括土坯）、瓦、竹、木、石、草、泥、土、石灰、琉璃制品等，选材因地而异。其中的砖、瓦主要在城郊或乡间设窑场生产。近代，重庆地区砖瓦生产集中在大河（长江）、小河（嘉陵江）沿岸，一般为土窑，产品以青砖、布瓦为主。晚清以后，重庆砖木结构房屋增多，对砖瓦的需求量增大，砖瓦业应接不暇，砖瓦生产方开始由个体窑户向工厂化发展，

①

②

1892年，重庆江北厅礼嘉乡绅商办的瑞华砖瓦厂，是四川已知最早的砖瓦工厂。

20世纪30年代，随着建筑业的发展，机制砖瓦厂则应运而生。1931—1933年，重庆地区兴办有福元、吉泰等11家砖瓦厂，年产青砖约320万块，小青瓦430万片。重庆汪和笙约集绅商集资银元3000圆，在井口乡二塘，兴办华一机制砖瓦厂，设18门轮窑1座，大窑2座、中窑3座、小窑2座，购手摇压砖机2台，脚踏压砖机1台，压瓦机2台，年产红砖10余万块，平瓦10余万片（参见1999年四川科学技术出版社《四川省志·建材工业志》第77页）。

1940年，重庆市机制砖瓦厂有华一、瑞泰、勉记、三才、金刚、峨山6家，小厂有兴国、

① 重庆市第二建筑材料厂生产区
② 重庆市第二建筑材料厂生产区
③ 厂区人行道
④“为人民服务”标语墙
⑤ 二砖厂生活区

③

④

⑤

四维、同仁、华光、全福5家。11家工厂年产青砖、红砖2400万块，小青瓦3000万片，平瓦800万片。1943年，重庆铜罐驿上游的冬笋坝，兴办了华大砖瓦厂；1944年，重庆建成建渝机制砖瓦厂、永建机砖厂；1945年，兴办了重庆砖瓦业有限公司、瑞华企业公司、大华公司、中国机器砖瓦厂等7家砖瓦工厂。

三

解放后，四川最早恢复砖瓦生产的是重庆私营华一机制砖瓦厂。由该厂一座轮窑和重庆郊县的一些土窑生产的砖、瓦，开始供应恢复和发展中的重庆市场。1950年4月，重庆市人民政府组织原本停产的4家机制砖瓦厂和5家手工砖瓦厂，组成“重庆市砖瓦生产销售联社”；市郊80户大小窑户亦恢复了生产。随后，西南工业部和西南军区营管部，共同组建“国营西南建筑公司筹建处”，开始统筹重庆地区的砖瓦工业建设。

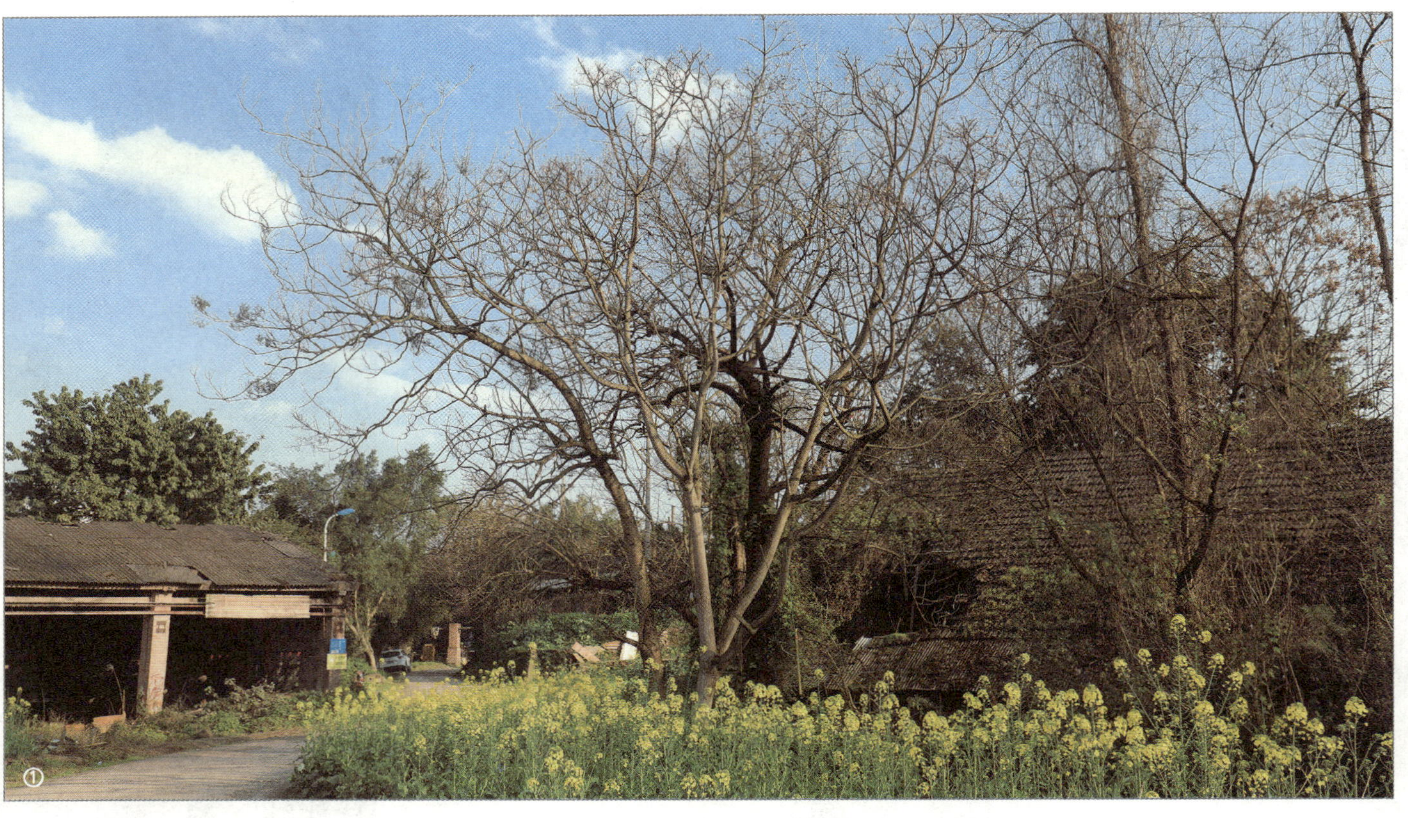
①

1951年初，国营西南建筑公司在江津县油溪镇夕阳坝建设重庆第一砖瓦厂；3月，重庆市建设局同川东行署工业厅合作，在江北县大竹林拨出1000余亩农地，收购私营瑞华等砖瓦厂，建成重庆市建设局公营大竹林机制砖瓦厂，1953年，这家厂正式更名为“国营重庆第二机制砖瓦厂”。

由于生产建设的急需，1950年由川东行政公署、重庆市建设局、江北县政府、重庆市公营建筑公司联合，以人民币10000元，买下了资本家侯杨休采用手工生产的瑞华砖瓦厂，以及没收当地地主的部分土地，成立“公营大竹林机制砖瓦厂”，开始进行投资基建，始用36门德式哈夫窑，并安装了市私营厂生产的制砖机、过江输电高压线路和提水设备。

1951年，大竹林机制砖瓦厂有职工87人，当年生产黏土砖84万匹，黏土平脊瓦28万块，至年底，该厂的36门轮窑才投产。随后，该厂从重庆市建一队、四队以及市一砖厂等地调进工人400多人。

1953年初通电，1954年，已经更名为国营重庆第二机制砖瓦厂的大砖机投产，当年生产砖2078万匹，平脊瓦194万块。“三反五反”后，该厂合并和接收了新建厂、新华厂、六砖厂、公益厂、勉记厂部分资产和人员。

1957年到1958年，为“全民炼钢”需要，国营重庆第二机制砖瓦厂用简易木、石机械和手工，转产普通和异型耐火砖，年产量约7000吨。1959年又主要生产黏土红砖瓦，并扩建了24门轮窑。1961年又扩建双筒轮窑，1963年产黏土砖4154万匹、平脊瓦241万块。至三线建设前的1964年，黏土制砖原料逐渐枯竭。

四

轰轰烈烈的重庆三线建设开展以后，为满足重庆大小三线建设企事业单位的需要，国家专项投资让国营重庆第二机制砖瓦厂试生产半干压湿式页岩红砖。1966年开始，该厂则全面转产半干压湿式生产页岩红砖。1969年，由于制瓦原料缺乏，从此不再生产瓦，而只生产红砖。近日我三下该厂厂址，并在重庆空机压缩机配件

②

③

① 重庆市第二建筑材料厂工厂遗址
② 重庆市第二建筑材料厂茶室遗址
③ 重庆市第二建筑材料厂生活区遗址

①

②

厂实地考察调研，找回来5块带该厂铭文的老瓦，虽然版式不同，但肯定都是1969年之前该厂的作品。

1979年以后，国营重庆第二机制砖瓦厂的生产潜力得到进一步发挥。1980年，该厂开始试生产钢渣无熟料白水泥和彩色水磨石，当年创历史上最好经济水平，且页岩红砖产量也上了一个台阶，达11281万匹，上缴利税112万元。1983年底，该厂有职工1737人，其中全民所有制职工1357人，大集体380人，年设计能力为：页岩标砖9000万匹、钢渣白水泥1000吨，彩色水磨石块30000平方米。

据1985年重庆市社会科学研究院、重庆市经济委员会、重庆市科学技术委员会编著的《重庆百家工业企业概况》记载：该厂彩色水磨石板销售西南各省和深圳，还出口到了中国香港以及东南亚、北也门等国家和地区。该厂1950—1983年实现工业生产总产值8034万元，上缴利税总额1156万元。截至1983年底，该厂的固定资产原

值是 1053 万元，净值为 687 万元。

查证进一步的资料显示：1983 年，该厂安装的机电设备有 335 台，总装机容量为 3286 千瓦，电机容量为 2810 千瓦，主要设备有德式哈夫窑 3 座，中断面隧道窑 3 座，510 型、450 型砖机各 1 台和其他型号砖机 3 台，磨石生产线 2 条，磨石机 21 台。1984 年，经重庆市计委、经委批准，该厂利用外贸贷款，还筹建了年产 1.5 万吨硅酸盐白水泥产品，并引进了一条意大利年产 25 万平方米的磨石生产线。

2022 年 2 月 23 日、3 月 6 日，重庆三线两会分三次走进了重庆市第二建筑材料厂（于 1984 年更名）。整座占地 1000 亩的企业是一地鸡毛，早已破败不堪。呻吟着的有它的生产区、家属区和专用砖头。而唯一兴高采烈的是两江新区建设局收购破旧房屋工作队的工作人员和他们的上级领导机关，他们要“一把尺子量到底”。不知道相关政府部门又在怎样计划着该厂给当地政府创造第二次让其兴高采烈的利润和业绩呢？

① 重庆市第二建筑材料厂生活区遗址
② 重庆市第二建筑材料厂生活区遗址
③ 放飞中的二砖厂遗址

第18节　重庆第四建筑材料厂

2022 年 5 月，我们重庆三线两会在考察调研重庆农药机器厂和解放军 351 二库时，发现了标有“重庆第四砖瓦厂”铭号的机制瓦，随后我们多次前往北碚同兴、渝北礼嘉，寻访数十人，才终于把这个企业弄明白过来。

1951 年 5 月，西南建筑公司以 1.2 万元收购了私营永建砖瓦厂（位于北碚区同兴），成立嘉陵机制砖瓦厂。收购时，全厂有职工 71 人，9 口方窑，月产瓦坯 2600 余匹。收购后仅 4 个月，职工增加至 215 人，新建方窑 7 口，

①

①重庆第四建筑材料厂原址
②珍贵实物资料（351 二库出土）
③珍贵实物资料（351 二库出土）
④珍贵实物资料（农药器械厂出土）
⑤多方探询，寻觅遗址（张坤华）
⑥多方探询，寻觅遗址（郑洪应）

月产瓦坯增加到4000匹以上。1951年8月，西南建筑公司改组，成立了西南建筑材料公司，随即把嘉陵砖瓦厂划归西南建材公司；同年11月，该厂被命名为“西南工业部704厂”。

2022年5月20日，在我们苦苦寻找“四砖厂”无果的情况下，我与高万华、李桂斌在井口农场砖瓦厂找到一名叫张坤华的老人。祖宗四代从事砖瓦行业的张坤华老人告诉我们：四砖厂在同兴河的对岸童家溪。下午6点钟，我一个人开车赶了过去，巧遇童家溪的居民、今年79岁的徐应菊老人。我慰问了一袋“三线米”，她的先生、今年80岁的郑洪应老人（原住礼嘉镇横梁村十四社），带我去找到了后来更名为重庆第四建筑材料厂的704厂的原址。

附图中带有“四砖厂”铭号的机制瓦，一匹出自重庆农药器具厂，二匹出自解放军351二库。

① 被房地产开发了的重庆第四建筑材料厂原址

②被房地产开发了的重庆第四建筑材料厂原址

第19节　相国寺气田

我知道重庆嘉陵江大桥（江北区华新街）下边有座相国寺，地界是在今天的重庆市教委附近。然而此相国寺非彼相国寺。

自研究三线建设以来，我前后看了好几遍《重庆天然气志》《四川天然气志》《川东钻探公司志》等资料。从这些资料中，我认识了相国寺气田。

在三线建设时期的四川石油天然气大会战中，相国寺气田因多个第一而闻名全国。相国寺气田的南端跨入重庆市的江北区，北面介入四川省的邻水县，属川东南中，隆高陡构造区、华蓥山背斜带东南分枝最东边的一个构造。

相国寺气田中的“相18井”是一座“功勋井”，可是我花了不少精力，却一直找它不到。2021年5月28日，我邀请重庆市工程师协会三线建设工业文化专委会副主任胡承胜，一同考察调研三线建设扩能企业——江北煤矿。途中胡承胜告诉我，若干年前，他曾为相国寺气田的“相18井”及它附近的“相8井”做过标牌什么的，知道它的具体位置。我一听高兴极了，真是踏破铁鞋无觅处，得来全不费功夫。我们立即决定今天继江北煤矿之后，考察调研相国寺气田去，看它现今长得像个什么样子。

相国寺气田“发现井”

①

功勋气井

(1977——2011年)

相18井的勘探开发史，是川渝石油人艰苦奋斗、励精图治的创业史。1992年10月，原中国石油天然气总公司将相18井命名为“功勋气井”，同年12月，为彰显相18井的赫赫功勋，记载一代代石油人艰难的奋斗历程，四川石油管理局在相18井立碑塑像。1996年，四川石油管理局原川东开发公司在相18井建立“功勋气井陈列室”，同年2月，将相18井确立为“爱国主义教育点”。2001年，重组改制后的重庆气矿在相18井重建雕塑，修葺展室；同年10月，相18井被重庆气矿命名为“爱国主义教育点”。2013年4月，重庆气矿对相18井“爱国主义教育点”进行恢复性重建。2017年12月，储气库管理处进行改造性重建。

②

③

① 相国寺气田功勋气井雕塑
② 相国寺气田党员教育基地
③ 相国寺气田党员教育基地
④ 相国寺气田雕塑
⑤ 相国寺气田企业文化展示墙
⑥ 相国寺气田企业文化展示墙

1971 年，石油部调集全国之力量、展开的四川石油天然气大会战中，相国寺构造开始上报阳三层钻探情况，汇集相当资源后，经批准命名为“相国寺气田”。它是第一个被发现为石炭系气藏的天然气气矿。采取边勘探、边设计、边开发的“三边”方针，全力推进，经过两年多时间的努力，完成了相国寺气田新井 13 口、加深井 2 口，获气井 8 口，其中日产每小时 50 万立方米的特大气井 6 口，取得了震惊世界的在石炭系气藏中完钻成功的划时代的骄人成绩。

① 相国寺气田配气站
② 相国寺气田配气站设备

第20节　海底沟地下水库

海底沟地下水库，位于江北县最边远的龙王乡黑水滩河（属嘉陵江支流）左岸。它是一座利用地下溶洞蓄水建立起来的异形水库，也是一座三线建设时期、四川在重庆建设的战略储备水源的中型水库，国家投入专项水利资产130多万元。

当地老百姓给我们讲述了下面的故事：

海底沟地下水库大门

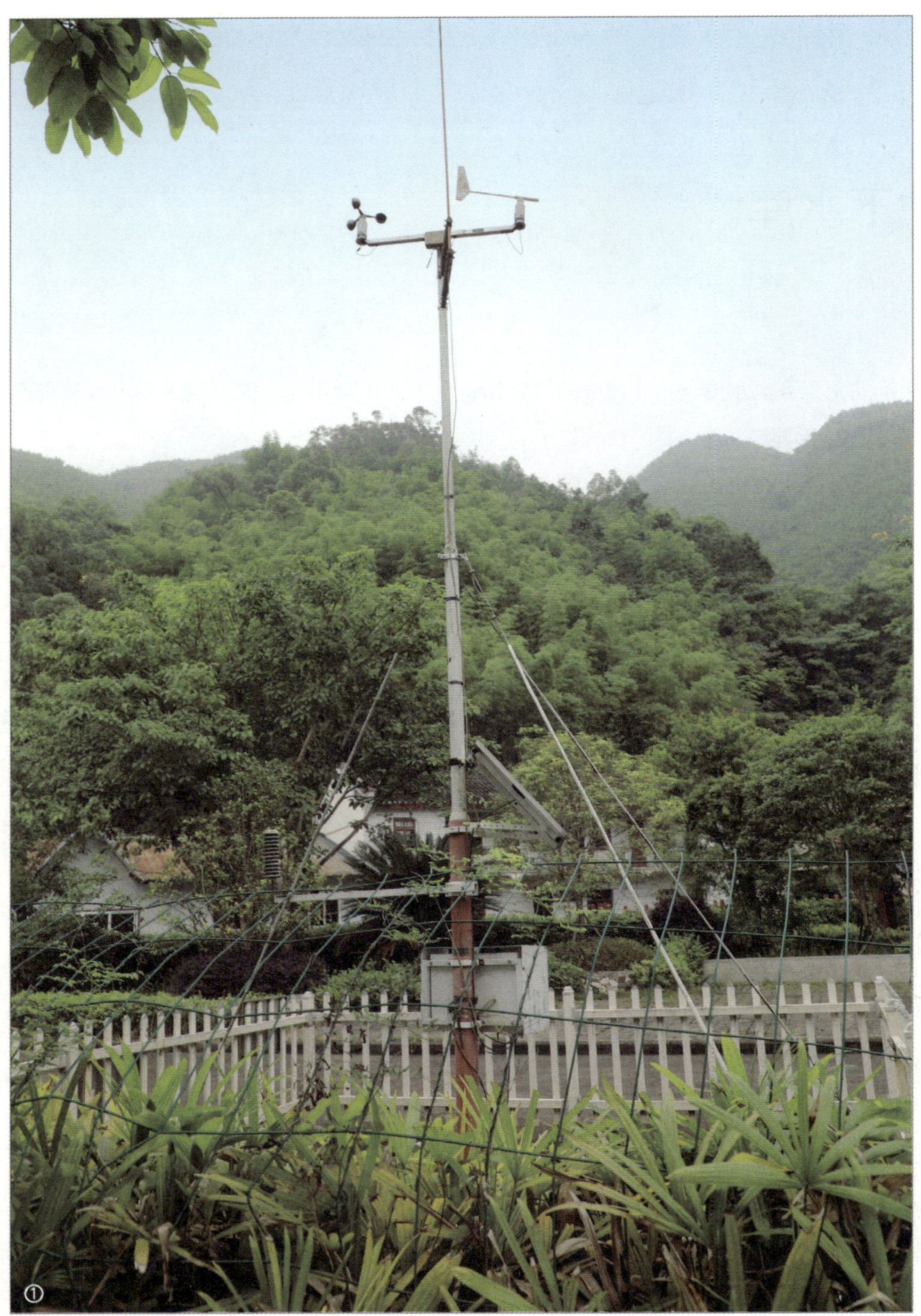
①

在龙王山山腰，原来就有一股终年不息的清泉，村民们很早就开渠引水，作为人畜饮水和农业灌溉之用，其灌溉面积达2000多亩。龙王山的山腰下面，有一山沟，沟底距离地平面有364米。60年代，原江北煤矿计划开凿上、中、下三个平行矿洞，以期扩大产能。

1966年8月24日，下平洞掘进至山体内1056米时，操作工在斜断面发现了一条裂缝，当炮眼钻入0.5～1.2米深时，突然喷射出大量泥水，且射程高达7～8米，好在喷射不久就被里面的石块和泥土堵塞住了。为防止意外，江北煤矿领导决定，在外面不远处修建一道厚4米的挡阻墙，并撤出了井内全部人员，随后进行爆破。当导火索燃烧数秒后，洞内忽然吹出很强的冷风，然后所建挡阻墙和9台翻斗车（每台重600多千克）全部被冲了出来。四分钟之后，强压力水柱从洞口喷射出来，水浪高过10米有余。

江北煤矿下平洞被打穿喷

水的第三天，位于龙王洞上面的龙王湖水库，水面全部枯竭。得此信息，四川省水利厅根据三线建设战备需要，在距矿洞口 740 米处，规划了一道厚度 12.7 米、高 3.6 米的壅塞坝，加以封堵。当时水利部门只投了 2.85 万元现金，但当时的江北县政府共投劳 6885 个，耗用钢材 2.4 吨，水泥 64 吨。直到 1974 年，三线建设资金又到位 130 万元，又花两年时间，修建了一条配套长 26.4 千米，其中有渡槽 113 处的水利系统，并使其灌溉面积达到了 23 万亩，如此这样才解决了当地农民要求堵洞还水的强烈愿望。

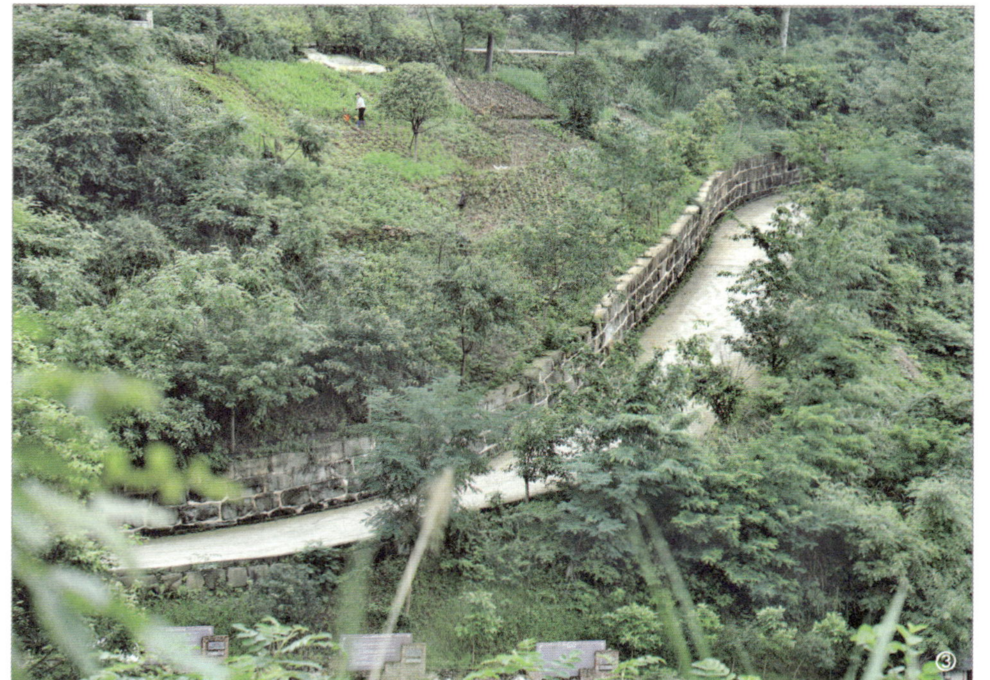

① 海底沟地下水库气象站
② 海底沟地下水库干渠
③ 海底沟地下水库干渠

第21节 新桥水库

新桥水库位于原木耳区王家乡新桥村，在嘉陵江支流——后河的分支——仁睦河上。

初始工程于1958年12月进行踏勘，选定坝址；1959年1月20日动工，当时的江北县11个区、5000余社员参加清基筑坝。大坝为均质土坝，原拟建坝高26米，集雨面积29.3平方千米；工程进行到1960年3月，完成坝高19.3米，淹没耕地1407亩，即被停建。

大坝于1962年发生内滑坡，且溢洪道未达标准。

①

① 新桥水库管理办公室
② 新桥水库大坝
③ 新桥水库干渠

1964年国家三线建设开始后，该水库被列入国家水利重点战略水库名录。1970年冬，在续建其西干渠的基础上，兴建了电力提灌站6站、24台；渠道内建电站5台（座），仁睦河内建2站、2台，可灌田土约8000亩。

1977年，经重庆市水利局批准，又改造了西干渠，新配建东干渠。西干渠用条石衬砌防渗，截弯取直，将几段干渠改为支渠；原干渠缩短到6.3千米，最后延长至13.56千米到仁睦乡。新配建东干渠长13.02千米，用条石防渗。

改造后，新桥水库的东西干渠共有支渠5条，总长21.4千米，总库容1353万立方米，串联起灌区内小（二）型水库2座，山坪塘282口，有效灌溉木耳、王家、仁睦、多宝、石鞋5个乡的农田1411.2公顷。

① 新桥水库风光
② 新桥水库风光

第22节 两岔水库

两岔水库位于两岔河乡内、御临河支流——温塘河上游、两岔河上，大坝建在高嘴乡红竹村境内，控制集雨面积68.3平方千米。它是一座以灌溉为主，结合战备、防洪、发电等综合性功能的中型水库。

工程于1977年1月，经四川省水利局批准施工，规模为坝高43.3米，总库容3660万立方米，干渠总长50.97千米，设计灌面9.89万亩。

两岔水库于1977年9月6日破土动工，1984年底，

两岔水库全景

枢纽工程全线完工。建成由浆砌条石宽缝重力坝与浆砌条石防渗墙堆石坝组合而成的大坝 1 座。最大坝高 44.3 米，坝顶高程 426.7 米，顶宽 6 米，坝轴线长 148 米。有效库容 3660 万立方米，洪水标准按 50 年一遇设计。

水库占地 5400 亩，其中淹没土地 5040 亩；搬迁农户 439 户 1917 人，及 15 家企事业单位。在施工过程中，耗用钢材 576.4 吨，水泥 11950 吨，木材 1367.6 立方米，炸药 69 吨，完成总工程量 58.44 万立方米，混凝土 1.12 万立方米；大坝总投劳 300.46 万工日。工程总投资 942.53 万元，其中含投劳折资 150.23 万元。

①两岔水库电站
②两岔水库大坝
③两岔水库风光
④两岔水库泄洪口

第23节　胜天水库

胜天水库位于柳荫镇偏岩乡，嘉陵江支流——黑水滩河上游、华蓥山南麓。其主体工程于1971年10月动工，1980年建成。集雨面积39.88平方千米，坝型为坝顶溢流浆砌条石单拱坝，最大坝高52.85米。洪水按30年一遇设计，300年一遇校核。最大下泄流量每秒974.58立方米，总库容1088万立方米。

1959年10月，原江北县曾在胜天水库现坝址下游2千米岔喇叭处，修建降龙水库，但未做水文和地勘工作，

①

未经审批，就组织统景、鱼嘴、龙兴、洛碛、复兴、静观、柳荫等7个区、6000多人，动工清基回填。1960年4月被停建。投入劳力80万个，耗费粮食25万千克，填土被洪水冲毁，1962年，国家退赔10多万元。

1971年10月再次走过一段弯路后，于1972年7月，经南江水文地质大队钻探，确定在现址——珊枣湾重建水库，即为现今的胜天水库。

1974年5月至1983年7月，完成东干渠20.97千米，西干渠25.46千米，中干渠12.1千米，支渠20条，共32.54千米。干支渠上共有渡槽74座、4118米。

胜天水库共建隧洞36座，长5419米，倒虹管6处，长2860.6米。灌溉偏岩、柳荫、明通、石坝、三圣等5个乡、42个村的农田21857.6亩。

① 胜天水库库区
② 胜天水库泄洪口
③ 胜天水库大坝

① 胜天水库坝顶
② 胜天水库全景

第24节 江北煤矿

“重庆市煤炭开采历史悠久。早在南宋（920—1279），天目瓷窑已使用煤矿烧瓷，南岸小湾附近还有煤井遗址。”“清乾隆六年（1741 年），江北县也开始了煤炭的开采”（《中国煤炭志 · 附卷 · 重庆卷》113 页）。当时，包括江北煤矿等众多煤炭的开采，都处于一种较原始的状况，仅限于浅部煤层，以多洞穴式、残柱式、镐落式、前进式和倒台阶为主要采煤之方法。

江北煤矿大门

①

②

一

1967 年，我回到了老家四川省营山县。

我父亲所在的县人民医院，换了一个叫邓军锡的转业干部来当“一把手”，他是从县煤炭公司革委会主任的位置上调过来的，很有定心力，为人随和。

我的外婆叫邓玉珍，据说他们还有些亲戚关系，比较近。就这样，我叫他“邓叔叔”。邓叔叔很喜欢我，他曾派县医院的、全县唯一一台、刚配置的救护车，拉着我一起到县煤炭公司打牙祭。

营山县煤炭公司经济效益比较好，它有一座足球场大小的煤场，坐落在县人民大会堂不远处的东南方向。这是我第一次认识煤炭和煤场，印象特别的深，也特别的好。

1972 年，我跟随父亲又回到了重庆的母亲和弟弟身边。父亲通过重庆市卫生局，被分配到了市中区飞来寺的重庆市第三人民医院，做外科医生。

当年我们住在市三院最高处的红砖楼，而最低处的门诊部，其对面就是枇杷山正街上唯一的一个凭票供应的小煤店。我们全家四口人、每月 200 斤煤炭票，开启了我们家用煤球做饭的历史。

父亲做过军人，对我们要求很严，本来几毛钱喊个“棒棒”可以搞定的事儿，他非要安排 12 岁的我和 9 岁的弟弟去锻炼锻炼。从门诊部对面的小煤店，到家住的飞来寺山顶上的红楼，其路程足足两千米有余，坡度在 40 度以上，光台阶就有500多步。星期天，我和弟弟，用自己家及邻居陶妈家的两对箩筐，凭全家一个月的煤票，排队买了200斤煤球，然后把煤球分装在4只箩筐当中，就开始了艰难的“长征”。一根扁桃，我三分，弟弟七分，幼小的肩膀并两双小手，使出全身力气，勇敢向前进。

花了我们大半天时间，200斤煤球抵达目的地，有多累、流了多少汗不说，下午还要找来一些黄泥巴，和水，把煤渣“团结”起来，做成“煤炭粑粑”，这就是煤球。

“拣炭花”是个什么概念，现在的小朋友根本不知道。

一家人一个月200斤煤球，根本不够用，只能想别的办法。做医生的父亲那时“神通广大”，也只能想办法买些煤油回来，

① 江北煤矿办公楼
② 江北煤矿综合楼
③ 江北煤矿封闭了的矿洞
④ 江北煤矿封闭了的矿洞

补充家用，剩下的就全靠我出去“拣炭花”了。

所谓“炭花”，是川渝地区的人们对没有被燃烧干净的煤炭的称谓，也叫“二炭”。把它从煤渣里拣出来，一是可以卖钱，二是可以自己家里烧火用。拣炭花的脏、累，是现在城里长大的年轻人不可想象的，以至于那个时代，哪家的娃儿如果不争气，家里大人那句“长大了只有去拣炭花”的话，就会冲口而出。

当年市三院是重庆市唯一的高干和外事医院，煤炭供应那是相当的充足。市三院共有3台锅炉，我拣炭花的“主战场”是住院部一号楼最大的那一台。锅炉房把煤渣推出来之后，埋在里面的有不少没烧过

① 昔日热闹的电影院
② 电影院只剩下残垣断壁
③ 矿工宿舍遗址
④ 矿工宿舍遗址

心的炭花，我们几个小屁孩，不怕烫手，勇往直前。运气好的话，不大一会儿功夫就可以拣它十来斤。我们付出的代价只有一个——本来是地地道道的黄种人，一拣炭花，全部就变成“非洲人”了。

二

我第一次真正接触煤矿是在恢复高考前二年的 1975 年。

当时是三线建设时期，我们原重庆市 41 中学（现重庆市巴蜀中学）的战备学校在南桐矿区，离著名的鱼田堡煤矿不远。那个时代，要求我们学生不仅要学文，还要学工、学农、学军，还要批判资产阶级。学工，除了在自己的校办工厂实习之外，还要外出，到重庆制钳厂和鱼田堡煤矿实习。

初中的“学工”在重庆制钳厂，高中就来到了边远的鱼田堡煤矿了。在这个煤矿，我们观光式地下过一次井，其余时间就是在矿上擦矿灯、做清洁什么的。通过两个月时间的“学工”，给我们留下最深印象的是，开采煤矿多使用钢钎、手锤、手镐等主要工具；多以自然通风、火炉通气、人力运输、人工抽水为采煤的主要生产手段。

新冠疫情暴发之后，我再也不能天马行空、“周游列国”了，于是转过身来研究重庆最有特质的三线建设。三线时期，国家投了 2065 亿元下去，其中 1964—1980 年，仅仅在煤炭工业的建设上就投入 130.54 亿元，这还

不包括各个地方政府的“小三线”建设投入。这就促使我多跑煤矿，并把它当成一个重点来抓。一年多时间下来，我不仅实地跑了几十家煤矿企业，还买了上百斤重的煤矿设计图，包括全套三十多本的《中国煤炭志》在内的书籍。我相信，只要自己能坚持十到二十年，铁棒也会磨成绣花针的。

三线时期的煤炭工业建设，自 1964 年 9 月起，国家从全国各省调集了大批队伍，首先在西南的云、贵、川，拉开了大会战的序幕，前后 16 年时间，共建成了新井 465 处，扩大的旧煤矿产能若干，炼焦洗煤厂增建了 11 座，原煤开采能力比 1965 年翻了一番还要多，洗煤能力增加了 4.1 倍。

三

我们过去以为，江北煤矿是民国时期留下来的老煤矿，后来随着对该煤矿研究的深入，并走访了大量的老矿工、老干部。他们告诉我，三线建设那些年，国家注入了大量的资金，拨了好多设备，使其产能翻了两番还要多。

江北煤矿位于原江北县的石牛沟，南距重庆 42 千米，现有渝涪高速公路与之相连。过去江北煤矿，煤挖出来之后，主要是通过矿内 21 千米的专用铁路运至嘉陵江边，再由货轮沿江而下 40 千米抵达重庆的。

1990 年，江北煤矿保有储备还有 421 万吨，它先有生产井二对，均为斜井开采；年生产能力一井为 5 万吨，二井有6万吨。“这是上报数据，实际生产能力它要大得多，都通过第二窗口销售了。”知情人如斯说。

我在渝北区生活了20年时间，却不知道江北煤矿在什么地方。重庆市花卉协会二梅分会,有位叫“何二娃”的副会长，是土生土长的渝北当地人，他如数家珍地告诉了我们江北煤矿的ABC。

据《中国煤炭志·附卷·重庆卷》441页记载：江北煤矿始建于清嘉庆十五年（1810年）。光绪三十年（1904年）四月，英国商人德乐组成华英合办煤铁矿务公司，开矿筑路。清光绪三十一年（1905年），重庆总商会和江北士绅杨朝杰、文化成等人，为抗衡英商，组建江

① 矿工宿舍遗址
② 矿工宿舍遗址
③ 江北煤矿矿山公园
④ 江北煤矿矿山缆绳

合煤矿公司；清宣统元年（1909年），在川东道的支持下，由江合公司出面，以22万两白银赎买回江北厅路、矿两权和华英公司矿区设备。

民国二十四年（1935年），石牛沟矿井投产后，民生轮船公司以10万元投资江合公司，修筑石牛沟—狮子口嘉陵江边轻便铁路，民国三十一年（1942年），全线建成，开始运煤。

1952年12月，实行公私合营，改名为“西南煤管局408煤矿”。1954年1月，划给四川省工业厅领导，更名为“江北煤矿”。1958年2月，下放江津专区管理；1962年2月，上收四川省煤炭厅管理；1984年，划归重庆市煤炭工业公司管理。

江北煤矿属高沼气矿井。80年代前后，先后借三线建设

① 江北煤矿矿山遗存矿洞
② 江北煤矿矿山遗址
③ 江北煤矿矿山遗址

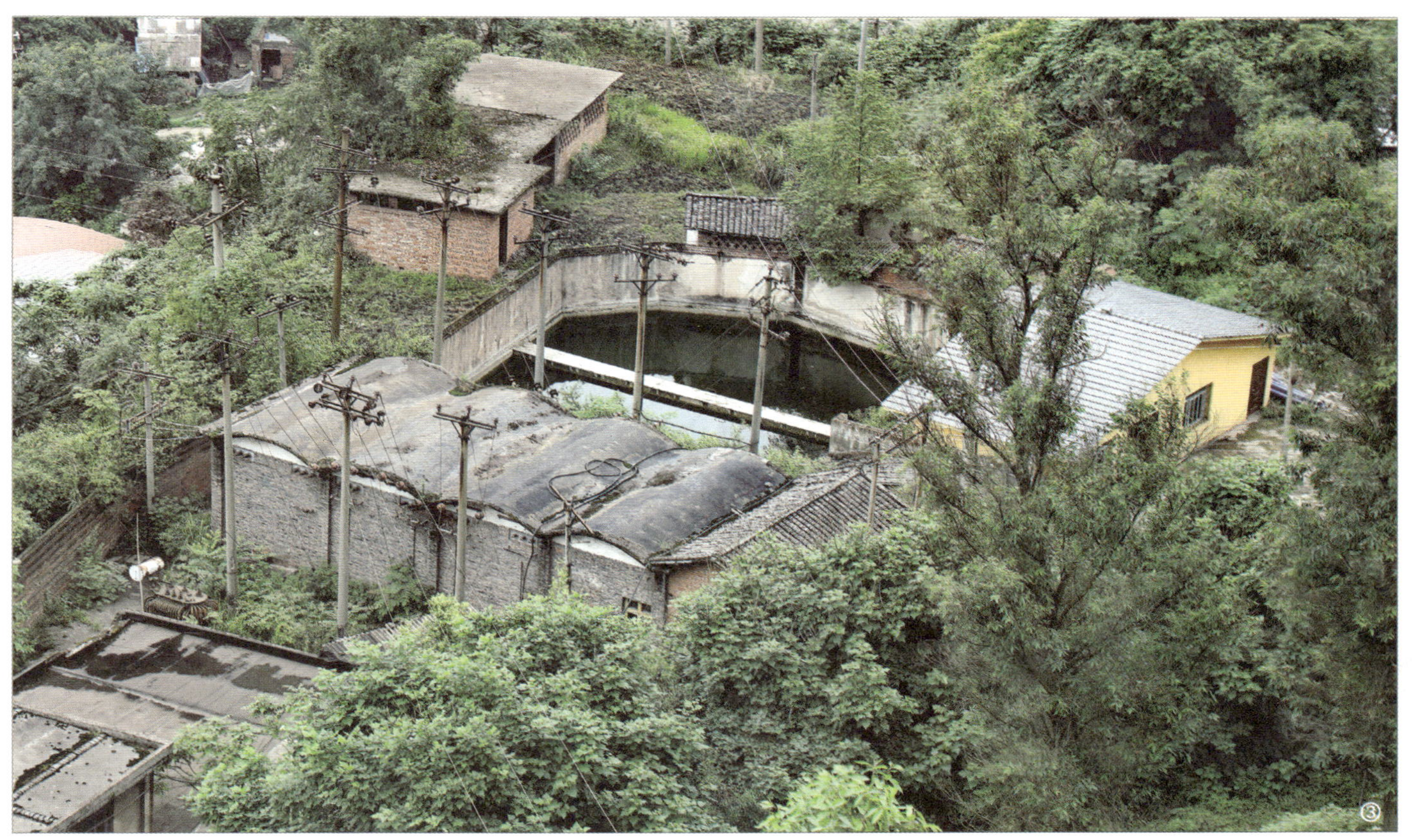

及调整提档扩能的东风，完成了一井延伸和二井改扩建工程。其提、排、通、运都基本上实现了机械化。江北煤矿采用走向长壁采煤法，石料或金属支护；地面调度室设有井下瓦斯遥控监测仪。1986 年，江北煤矿与重庆大学合作研制成功 MLTB−50 型特薄煤层采煤机组，为四川特薄煤层的采煤机械化走出了一条新路。

江北煤矿开采的三叠纪须家河组 K5 煤层，煤厚 0.3 ~ 0.4 米，为低灰、特低硫、低磷、高发热量的优质肥焦煤；史称“龙煤”“银焦”。清末民初，川江航行的蒸汽轮船，视“龙煤”为珍宝。抗日战争时期，重庆各兵工厂多选用“龙煤”为原料。新中国成立后，江北煤矿的煤主要供重庆特殊钢厂冶炼国防钢。据统计，其冶金、机械、化工等用户多达 240 余家。

1990 年，江北煤矿对清溪口简易洗煤厂进行了技术改造，将原来使用的活塞式跳汰洗煤机，改为了空气式跳汰洗煤机，并增加了浮洗工艺，增添了浓缩旋流器和压滤机，大大提高了精煤的回收率，实现了煤水闭路循环，年入洗能力从 10 万吨提高到了 20 万吨。同年，江北煤矿还筹建了年产 4 万吨的炼焦厂和 1×1500 千瓦电站各 1 座。

江北煤矿有自己的洗煤厂、炼焦厂、电石厂、矸砖厂、

发电厂等 15 个二级企业，其房屋建筑面积为 87000 平方米，其中住宅面积 38000 平方米。还设有电影院、俱乐部、图书阅览室和灯光球场。其职工医院各种检查设备齐全，除门诊部之外，还设有独立的住院部。我们仔细看了一看，江北煤矿的环境绿化也搞得不错，1989 年还获得了“重庆市精神文明单位”荣誉称号。

我和胡承胜、李桂斌去到江北煤矿的二井，以及后来扩能新建的三井，进行“洗礼”后，如约去到了何二娃的苗圃，吃了他亲手制作的一大碗鸡蛋面。下午，何二娃亲自驾车，陪我们去到了更早、更质朴、保存得更完整的江北煤矿一井。

一大圈下来，我们心情再度沉重：渝北现在 GDP 业已超过 2000 亿，位列全市第一了，为什么不可以拿一点钱出来，把具有百年历史的江北煤矿梳理一下，打造一座世界工业文化遗产出来呢？有如此条件的，依我来看，全重庆它是唯一，没有第二！

我们按照设定的“线路图”，照例访问了几位江北煤矿遗留下来的老矿工及其家属，简要了解了一下他（她）们的生存状况。看见年逾八十的老矿工遗属，为了省几个钱还在照蜡烛，我真的很无奈，也很压抑。我在思考着一个问题：现在我们渝北的农村都脱贫了，什么时候我们那些没有被社保全覆盖的、城市边缘化了的居民，他（她）们能够脱贫呢？

① 江北煤矿矿山遗址
② “三线两会”成员在江北煤矿矿山考察调研

第25节　远大煤矿

1965 年，三线建设刚开始，新成立的重庆市煤炭公司设置了地方煤矿管理处。这个机构比较特殊，其中的一个重要职能就是：在可能发生的第三次世界大战爆发时，要保证重庆地区“大小三线”企业及可能膨胀的战时人口的生活用煤。为此，这个处定编 74 人，下设 7 科 1 室，并设立了党委（党组）。当时江北县的远大煤矿，就是在这

远大煤矿办公楼遗址

①

②

③

④

种背景下诞生和发展起来的“民用”煤矿。

今天早已关闭了的远大煤矿，在《中国煤炭志 · 附录 · 重庆卷》和《江北县志》中，仅淡淡地写了几个字。它到底在哪儿，我们不得而知。“在柳荫里头，刚刚改革开放时我经常在那里排队拉煤，我的驾车手艺就是在那里练成的。”重庆市著名的园林企业家肖林森如斯告诉我。2021 年 6 月 12 日，端午节第一个休息日，我并胡承胜、刘祥宽一行三人，早上 7:30 就集中于龙湖花园，然后向柳荫方向前进。

1975 年，远大煤矿是随着江北县划给重庆市管辖而归建重庆市煤炭公司的。远大煤矿应该属于华蓥山脉之煤炭一系，坐落在一座海拔不是很高的半

① 封闭了的远大煤矿矿洞
② 封闭了的远大煤矿矿洞
③ 封闭了的远大煤矿矿洞
④ 封闭了的远大煤矿矿洞
⑤ 远大煤矿生产区“天桥”
⑥ 远大煤矿生产区配电房

山腰上，它的煤种牌号为焦煤，开拓方式为斜井，矿井地质储量为 75 万吨。

据正规渠道统计，这个矿 1990 年的原煤产量只有 0.99 万吨，年末职工数为 307 人。当时老百姓对此不以为然："九十年代，远大煤矿的原煤产量没有十万吨，八万吨是盖不住的；加上临时工、季节工，人数有一千二三。"

① 远大煤矿生产区遗址
② 远大煤矿生产区遗址

第26节 小沟煤矿

找到了远大煤矿，就好找小沟煤矿了，因为它们是隔壁邻居，相距的车程只有 20 来分钟。

1981 年，重庆市关闭了涂山煤矿，增建了江北县的小沟煤矿。我们半路上顺路接到了一对老龄夫妻，他俩正是生活在小沟地区的“土著”。他们告诉我：小沟煤矿原来的业务好惨了，来拉煤的车，排队都要排一两天。那时

小沟煤矿遗址群

②

③

的矿山天天加班，据说地下储存的煤炭非常多，不知道上头哪个拍的板，要“一刀切”把它关了。

小沟煤矿的牌号也是焦煤。据说它的煤质不是太好，里面的“夹子煤”比较多，但它的矿井地质储量有88.5万吨，这比远大煤矿要多一些，开采方式也是斜井。

据1990年官方统计，它的原煤年产量为1.44万吨，年末职工人数为333人。搭车的老大爷夫妻说：矿上的煤产量和职工数，分为“计划内”和“计划外”两个渠道来统计。“计划内”的，对付国家;“计划外”的，靠领导“批条子”。那个时候即使是“夹子煤”都好卖得很，因为市场紧缺得很。

“山高出好水”，这话一点儿不假。最近我跑了几十家老

① 小沟煤矿办公区遗址
② 只剩下残垣断壁的办公室
③ 小沟煤矿生产区遗址
④ 小沟煤矿生产区遗址
⑤ 小沟煤矿生产区遗址

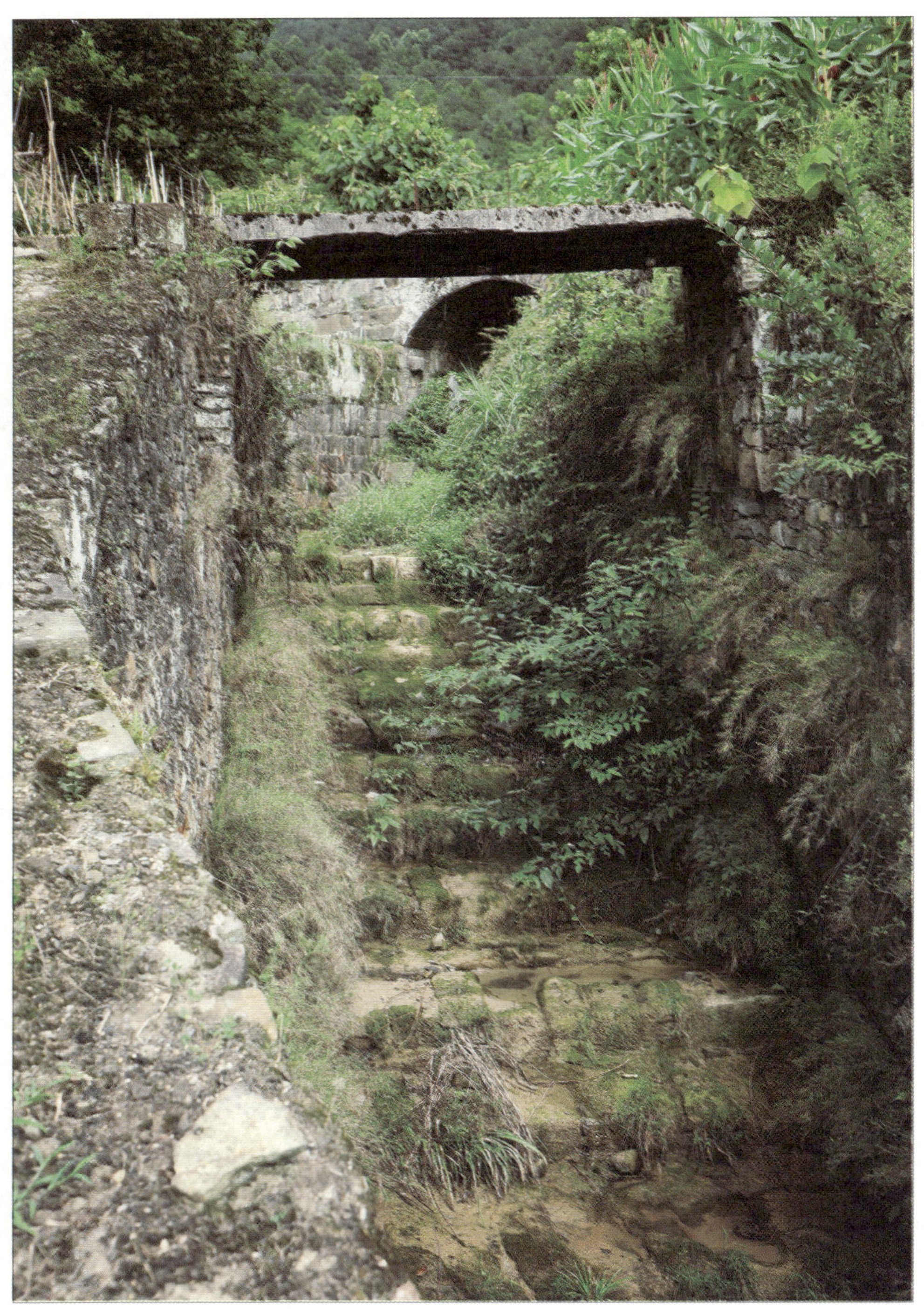

煤矿，发现从矿洞中流出来的水，水质都很不错，有的已作为该地区的饮用水水源，有的则办起了矿泉水水厂。小沟煤矿有上、中、下三个矿洞，从中流出来的泉水，非常清澈。我们没有去化验泉水的矿物成分，当然也不敢贸然去喝。不过放眼四周的建筑和环境，总感觉到这么多的固有资产，不用起来真的太可惜了。

小沟煤矿周边环境

第27节　红旗煤矿

一听“红旗煤矿”的名字，就知道这是那个特定时代的产物。

“文化大革命”期间，一些企业名头非常特别，像“红旗”“东方红”“向太阳”“卫东”等，真的是不能小视。江北县注册一家“红旗煤矿”，其政治和社会地位，在当时是绝对不能等闲视之的。就其规模而言，红旗煤矿当时

红旗煤矿办公区遗址

是江北县里地方国营煤矿当中的龙头。在“文革”中，300人以上的企业就算中型企业了，而红旗煤矿就有近2000人的规模，在江北县算是超大型的企业了。

比较了刚刚去过的远大煤矿和小沟煤矿，红旗煤矿真的让我们眼睛一亮：它的布局和建设规模，一点儿不比国营的统购煤矿差；其矿井、掘进及后勤系统相当齐备。

红旗煤矿的煤种牌号为“气肥煤”。所谓的气肥煤，是一种挥发成分和胶质成分都很高的强黏结性肥煤类，有的称它为“液肥煤”。其炼焦性能介于肥煤和气煤之间，单独炼焦时能产生大量的气体和液体化学产品。气肥煤最适合于高温干馏制造煤气，也可用于炼焦配煤，以增加其化学产品的收得率。

1980年至1990年，在三线建设调整时期，重庆的地方国营煤矿共投资了5146.7万元，其中，煤炭部和中国地方煤矿公司投资了2671.6万元，

① 红旗煤矿生产区大门
② 红旗煤矿生产作业区
③ 红旗煤矿生产作业区
④ 红旗煤矿综合楼
⑤ 红旗煤矿综合楼

省市政府投资了 2475.3 万元。由此可见，为了发展地方经济，像红旗煤矿这样的资源型企业，国家一定会全力去扶持和发展的。

按当时的地质勘探技术，红旗煤矿的矿井地质储量只有 68.8 万吨，但其设计能力却是每年 6 万吨。按这样推算，它饱和生产不到 12 年，煤炭资源就要枯竭。换句话说，这个经济账根本就是算不过来，其设施设备就是按国家的折旧也折不过来啊。要在这种情况下投资红旗煤矿，只有两个可能的情形：一种情况是，当时重庆特别是江北县，工业及家庭用煤的供需矛盾已相当突出，必须予以解决；第二个则是，对目前的储备数据本身存在置疑，对通过技术的进步可以得到相应的解决，保持乐观推测。

我们一行来到红旗煤矿的老宿舍，采访了几位留守职工，他们告诉我们两个情况：其一，当时江北县的干部子女，包括县革委会的主要领导的子女，绝不去当公务员，而是千方百计地把他们安排到红旗煤矿来；其二，排队来拉煤的车，有三五千米路这样长。可见当时红旗煤矿有多厉害。

矿上的老工人老同志退休后，基本生活情况现在怎么样呢？这是我们考察调研工作中的一项重要内容。红旗煤矿的老矿工告诉我们，他们的退休工资现在大多数不到3000元，因为当时的国有企业不太重视这个问题，眼光看不远，企业做的缴费基数都不高。最没有想到的是，当时企业效益很好的时候，突然被关门，搞一刀切，即使是昨天刚安装的新设备，今天也不允许拆卸出来。

① 红旗煤矿职工宿舍
② 红旗煤矿职工宿舍
③ 红旗煤矿职工文化区
④ 红旗煤矿职工食堂

第28节 红光煤矿

江北县原来的所谓“重庆市地方国营煤矿”，一共有6家，我是以1990年中型企业的标准——300人来定的案。其他按1990年不变数来统计，这6家企业，加上工农煤矿和东泉煤矿，但矿井地质储量最多、职工人数最多的，还是红光煤矿。

红光煤矿坐落于有“中国梅花之乡”美誉的静观场

①

的一座山沟里。面积虽然不大，但煤质很好，和红旗煤矿一样，是“气肥煤”，其矿井地质储量有421.3万吨，1990年的正式职工有763人，当年的统购产量为6.49万吨。

在所有江北县的煤矿中，应该说我接触最早的煤矿就是红光煤矿了。作为重庆市花卉协会的副会长兼梅花蜡梅分会会长，我经常与协会中一家叫“山里院”的骨干会员单位打交道。山里院者，大山里面一座院子也，这座所谓的院子建在山林中央，有5000平方米的房屋，其四周有林林总总的蜡梅、杨梅数千株，占地有好几千亩。植物长得也非常茂盛，隐天蔽日的，可谓风景这边独好。它的山脚下正是我们要述及的红光煤矿。

① 红光煤矿办公楼
② 红光煤矿已被封闭的矿洞

①

红光煤矿被“一刀切”、下令关闭了之后，先是利用矿渣，生产水泥砖；在水泥砖趋于市场饱和之后，又转身为一家小规模的机械厂。对于这家煤矿，我们走得慢，看得很仔细。首先查看了它的矿洞，关得死死的，从中涌出的清泉还是非常诱人；至今保存得最完整的还是它的家属区，现存的六七幢家属楼建于60年代末和70年代初，非常别致，造型也非常漂亮，还有些“延安窑洞”的味道。最令人吃惊的是，整个职工家属区的绿化搞得非常好，修建有花台水池，植物样型也很多，只可惜现在有些破败了……

作为曾经的陪都，重庆曾经为抗战的最后胜利起到不少的支撑作用。这除了中国人特有的不屈不挠的民族气节和风骨之外，还有最重要的一点：重庆有着丰富的煤炭和铁矿石资源。

① 红光煤矿生产作业区
② 红光煤矿生产作业区
③ 红光煤矿“矿泉水”
④ 红光煤矿生产作业区

①红光煤矿职工宿舍遗址
②红光煤矿职工宿舍遗址
③红光煤矿职工宿舍遗址
④红光煤矿职工宿舍遗址
⑤红光煤矿职工宿舍遗址

巴山蜀水
三线建设

重庆市长寿县企事业单位

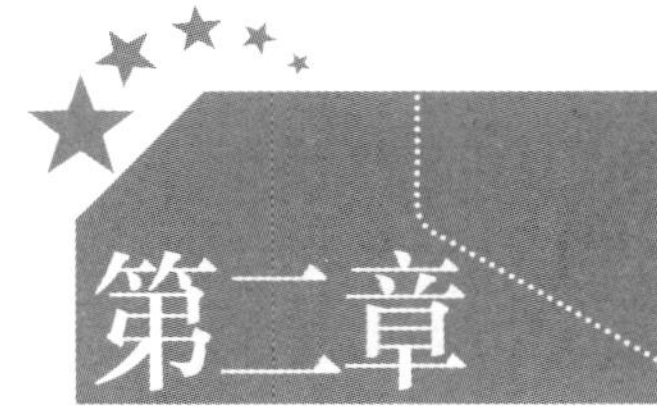

长寿县的得名真的跟生命的长寿有关。

唐武德二年（615 年），因其地常温，禾稼早熟；民乐之，故定名为乐温县。到元末，明玉珍及其子明升，盘踞巴地十年（1361—1371 年），建立农民政权，国号“夏”，设都于重庆。明代洪武六年（1373 年）九月，明玉珍以“县北有长寿山，居其下者，人多寿考”，将乐温县改名长寿县。从此，“长寿”名称未做改动。

长寿位于重庆市的东北部，地跨长江南北。1949 年 12 月，长寿县解放。1950 年 1 月 23 日，川东行政公署通令，长寿县由大竹专区划属涪陵专区。1952 年 11 月 3 日，四川省人民政府通知，将长寿县划属重庆市辖。1953 年 1 月 1 日，长寿县复划属涪陵专区。1959 年 4 月 17 日，四川省人民委员会通知，将长寿县复划属重庆市辖。2001 年 12 月 25 日，经国务院批准撤县设区。2002 年 4 月 9 日，重庆市长寿区成立。

在三线建设前，除了原长寿县有一些传统的工业之外，几乎是一个农业大县。轰轰烈烈的三线建设开始之后，国家在长寿县布置了不少与国防工业配套的船舶、化工、钢铁、纺织和能源工业，彻底改变了长寿县的工业格局，为长寿经济的发展打下了很好的基础，并注入了生机和活力。

我是大学毕业后才开始接触长寿的。80 年代从重庆主城去长寿，叫作出“远门”了。头天从朝天门码头上船，第二天才能到达长寿。三线建设后期，兴建四川维尼纶厂时，我第一次去长寿。船靠长寿码头后，我上岸转了一圈，才去川维厂招待所登记住宿。那时我觉得长寿很土气，川维厂很洋气；长寿很破烂，川维厂很现代化。我当时在中二型企业重庆制药机械厂工作，见过的工装夹具也不少，但在川维厂第一次看到欧洲的一箱工装夹具，像今天的集装箱一样，足足有七八吨重，把我吓了一大跳。那个时候，参观了川维厂的建设，我才知道了什么叫科学技术，什么叫现代化。

因为我及家里面不少人在三线企业工作过，加上川维厂的这个“青春情结”，去年底和今年初，我多次去长寿，去看看川维厂，以及在长寿我能够找得到的三线企业。

温故而知新，居安而思危。人应该要有志气，企业要有一点精神——包括长寿在内的三线建设那种精神，那个激情燃烧的岁月，都应该成为我们永永远远的精神和财富。

第01节 长寿化工厂

民国二十九年（1940年），国民政府军政部兵工署在长寿县征地，建二十六兵工厂，生产军用炸药。民族资本家刘鸿生，在县城东街建中国火柴原料厂，生产火柴原料。长寿化工厂就是原二十六兵工厂与中国火柴原料厂合并而成的。解放初期，它属西南军政委员会工业部；1956年6月，属中央化学工业部。1958年6月，下放至四川省化工

①

厅。1975 年 5 月，属重庆化工局管理。

1939 年 10 月 21 日，国民政府军政部批准，在重庆市中区德兴里 36 号，设二十六兵工厂筹备处，负责筹建工作。因当时长寿县有水电的便利，加之襟江带山，利于防空，水陆交通方便，即安排到长寿查勘厂址。第二年 2 月，筹备处由市中区迁往长寿县，征用邓家湾、新湾一带民地 180.87 公顷为厂址，于 1945 年 1 月建成投产。

中国火柴原料厂由上海民族工业资本家——大中华火柴公司总经理刘鸿生发起，邀川、滇、黔三省火柴厂商集资入股，筹建于重庆。筹建办事处设于南岸华北火柴厂内。民国三十年春，在长寿县东街关口，建中国火柴原料厂；国民政府投资 20 万元，次年 11 月建成投产。后来二十六兵工厂、中国火柴原料厂合并成长寿化工厂，主要生产氯酸钾、氯酸钠、钾铜炸药、黄磷、赤磷、硫化磷、牛皮胶、火柴蜡、炭制电极、电石等产成品。

1949 年 12 月 12 日，重庆市军管会接管了长寿化工厂，随即开展了生产恢复工作，当时该厂只有职工 604 人。

1958 年，在苏联专家的帮助下，长寿化工厂新建了

① 长寿化工厂大门
② 环境优美的长寿化工厂厂区

①

②

③

氯丁橡胶、烧碱等车间，职工增至3968人。1962年贯彻“工业七十条”之后，企业进行了全面整顿，生产持续发展。该厂拳头产品氯酸钾年产量达到了1124吨、赤磷183吨、烧碱1299吨、氯丁橡胶490吨、电石3463吨、盐酸1035吨，工业总产值707.89万元，比1949年增加了20.45倍。

1950年，中国科学院长春应用化学研究所开展了氯丁橡胶研制工作，并拿出了小样；1956年5月，长寿化工厂派出由员工24人组成的试制组，前往长春，开展了氯丁橡胶扩繁工作。同年，国家计委分两次批准长寿化工厂扩建。在苏联专家的指导下，第一期长寿化工厂氯丁橡胶生产线终于建成并投入产业化生产。据统计，国家对长化厂氯丁橡胶项目投

① 长寿化工厂污水处理系统
② 长寿化工厂生产区
③ 长寿化工厂生产区
④ 长寿化工厂家属区
⑤ 长寿化工厂家属区

①

②

入了1198万元、烧碱技改投入了318万元、电石项目投入了159万元，完成建筑面积8.7万平方米。

氯丁橡胶可做飞机轮胎和火箭燃料，是国家重要的战略资源。为了提高产量、降低生产成本，三线建设开展时的1965年3月，化工部组织了化八院、西南化工研究院、中科院西南有机所、成都工学院、泸州化专、山西省化工厂、天津橡胶制品研究所、兰州化工公司合成橡胶厂以及国家合成橡胶科技情报所共11个单位、280多人，汇集于长寿化工厂进行技术攻关。经过三线建设集中全国之力量，万众一心办大事的方法和一年多时间的努力，长寿化工厂取得了10项攻关成果。

1965年，长寿化工厂生产氯丁橡胶2324吨，为1964年的2.5倍。同时还改善了工人操作条件，减少了环境污染。1966年1月，长寿化工厂的氯丁橡胶技术改造项目，被评为全国化工行业16项重大科技成果之一。

根据有关部门统计，三线建设及调整时期，国家先后对长寿化工厂投资了9776.5万元。先后建成和改造了氯化钾、黄赤磷、烧碱、电石、氯丁橡胶等16个车间，固定资产增加到了8227万元，厂区房屋面积增加了2.7万平方米，比解放前扩大了17.2倍。

1985年，鼎盛时期的长寿化工厂有职工5280人，其中工程技术人员380人；工业总产值达到了9558.2万元，出口创汇192万元，利税达到了2342.7万元。

我的大姐夫应礼和，于1968年从浙江大学毕业分配到了长寿化工厂，1974年离开该厂到重庆化工设计研究院任副总工程师。至今提到长寿化工厂他还是多有情怀的，上周日

① 长寿化工厂家属区
② 长寿化工厂家属区
③ 长寿化工厂家属区
④ 长寿化工厂医院

他给我提供了两个信息：其一，随着社会经济的发展，污染非常严重的长寿化工厂，不得不选择了异地搬迁，与山西一家民营企业进行资产整合，成立了山西霍家长化合成橡胶有限公司；其二，去年长化厂从合资公司中获得了8000万元的收益，但这对负债几十亿的长寿化工厂来说还是杯水车薪……

① 长寿化工厂幼儿园
② 长寿化工厂原专家招待所

第02节 四川维尼纶厂

维尼纶是一种合成纤维，按主链结构分类，属于碳链合成纤维。维尼纶纤维经缩醛化后，纤维的耐热能力、收缩性均有改善，大量用来与棉花混纺，制成各种衣料，即为市场上的“维棉”。它的突出优点是吸湿性好，价格低廉；主要缺点是弹性较差，织物易皱。因有皮层结构，故不易染成鲜艳的颜色，热水中收缩性也较大。

四川维尼纶厂老大门

①

中国石油化工总公司四川维尼纶厂（以下简称“川维厂”）是在轰轰烈烈的三线建设时期，于 1972 年 1 月 22 日，经当时负责全国经济工作的三位副总理李先念、华国峰、余秋里联名报告，由周恩来总理审定、毛主席圈批同意建设的大型骨干企业，它以长寿川东天然气为主要原料，生产维尼纶短纤维和甲醇、聚乙烯醇等系列产品。该厂于 1974 年 8 月动工兴建，1983 年 7 月经国家验收合格并正式投入生产。

川维厂的前身是重庆维尼纶厂。1970 年 11 月，根据中央和四川省的规划，为了充分利用川东丰富的天然气资源，解决当时全国性的“穿衣难”问题，国家正式确定在重庆长寿新建一座维尼纶厂。在重庆天然气化工研究所年产 100 吨维尼纶试验性生产线的基础上，拟扩大规模为年产 10000 吨，并被正式立项确建。当时国内利用天然气生产维尼纶的技术和设备还不成熟，所以相应的技术和设备均需从国外引进。

在中国技术进出口总公司的主持下，1973 年 5 月，在北京同法国斯贝西公司签订了引进碳酸乙烯和甲醇联合工厂合同；1973 年 6 月，国家计委以“(1973) 计字第 225 号”文件，下达了《关于四川维尼纶厂计划任务批复意见》，批准同意在重庆长寿建一座以天然气为原料、年产 4.5 万吨维尼纶和 9.5 万吨甲醇的大型石化项目。1974 年 6 月 27 日，在北京又与日本可乐丽公司签订了引进《年产 4.5 万吨聚乙烯醇成套设备》合同。

整个川维厂建设项目，是在党中央的亲切关怀下，在纺织部、四川省和重庆市政府直接领导下，依靠全国 40 多个勘探设计和施工单位，3 万多建设者，经过艰苦奋斗，近万名川维厂员工付出巨大的努力，才于 1979 年 12 月全流程一次性投料试车成功，生产出了合格的维尼纶产品。

① 四川维尼纶厂新大门
② 四川维尼纶厂厂区
③ 四川维尼纶厂生产车间

①

②

1986年，鼎盛时期的川维厂有正式职工10335人，各种专业技术干部1861人；下设化工厂、化纤厂、热电厂、机修厂等4个分厂和23个职能处室。

川维厂主要产品有甲醇、聚乙烯醇、甲醛、醋酸乙烯、液氯、液氮、维尼纶短纤维和维尼纶牵切纱。1985年底建成的年产2500吨涤纶低弹丝生产装置投产以后，为重庆和西南地区纺织行业又提供了一种新的高档纺织原料。

截止于1986年，川维厂基建总投入为10.5亿元，形成固定资产8.2亿元。自1979年底投料试车以后，经过三年多时间的生产，累计生产出维尼纶短纤维100069吨，甲醇295945吨，聚乙烯醇165831吨，维尼纶牵切纱5824吨，创造工业总产值92454万元，实现利税20808万元。

川维厂建成投产之初，由于设计品种单一、原材料使用不够合理，市场应变能力比较差，特别是原料涨价、产品降价，一度遇到困难不少。首先

① 四川维尼纶厂车间
② 四川维尼纶厂厂区
③ 四川维尼纶厂体育中心
④ 四川维尼纶厂影剧院
⑤ 四川维尼纶厂川维广场

①

②

是对长寿天然气资源勘探不细：川维厂每天需要天然气为 170 万立方米，实际上长寿当时的川东气矿每天只能提供 100 万立方米，其中的 60% 还要用于发电。致使 28 条生产线只能开工 9 条；即使在生产条件较好的 1982 年，其产量也只能达到设计产能的 41.7%。所以 1983 年 7 月的“经济参考”作了这样的评论：由于对基本建设的可行性研究不够，花了 10 多亿资金建成的我国最大维尼纶厂——四川维尼纶厂，投产后的经济效益很不理想。

直面前进中遇到的困难，川维厂没有“等、靠、要”，而是积极调整思路。从 1990 年开始，川维厂狠抓“一大三小”技术改造项目，靠科学的管理打基础，努力挖潜增效。随后，又充分发挥自己水、电、气等公用工程的富足优势，成系列地发展了精细化工、石油化工产品，努力把川维厂建成了一个具有较强经济实力的大型油气化工和化纤联合发展高新技术型企业。

从川维厂的历史发展轨迹中，我们总结出了两条经验：第一，人要有志气、企业要有精神。川维厂的精神就是团结、拼搏、开拓、务实。第二，川维厂能从困难当中走出来，靠的是党政班子的坚强领导，靠的是企业不断的技术创新。

① 四川维尼纶厂职工住宅楼
② 四川维尼纶厂职工住宅楼
③ 四川维尼纶厂职工住宅楼
④ 四川维尼纶厂职工住宅楼

第03节 四川染料厂

四川染料厂（以下简称“川染厂”）是三线建设时期，化工部在西南地区布点生产染料、中间体、化学助剂的大型精细化工企业，其厂址在长寿县的古佛乡三坪村。

该厂 1965 年筹备，1966 年 2 月动工，分两期建设：第一期 41 个单项工程，于 1979 年 2 月竣工验收并投入使用；第二期是与合成纤维配套的 39 个单项工程，1984 年 12 月全部竣工投产。两期工程下来共建成化工车间 16 个，辅助车间 8 个，总投资为 13859 万元。

①

二甲基苯胺是川染厂的一个主要产品。1966 年动工兴建，1970 年 5 月建成，是由化工部所属相关单位设计承建的。N-N- 二甲基苯胺是在压力作用下，以硫酸为催化剂、甲醇与苯胺进行化学反应的生成物。1970 年当年只试产了 10 吨，1971—1972 年期间，该厂基本上处于半瘫痪状况，仅出产品 300 吨。1975 年，生产逐步开始好转，年产量突破了 200 吨。1981 年通过技改后，该产品年产量提高到了 800 吨。1983 年再添高压釜 4 台，年产量达到了 1555.7 吨，产品供不应求。

对硝基氯化苯是川染厂 1975 年自行设计，同年 5 月破土兴建、1977 年竣工的一个项目。由于原设计工艺流程不太合理，生产过程不太好控制，且原材料消耗大，该产品亏损比较严重。自 1980 年川染厂的邻硝基氯化苯投产后，解决了副产品物低油的分离和利用

① 四川染料厂生产区
② 四川染料厂大门
③ 四川染料厂办公楼

① 四川染料厂生产区
② 四川染料厂生产区
③ 四川染料厂生产区
④ 四川染料厂生产车间
⑤ 四川染料厂生产车间

问题，使其产量翻了一倍。从1985年开始，该产品畅销全国，且远销欧美、日本、东南亚等10多个国家和地区，一举成为川染厂的拳头产品。

上面提到的邻硝基氯化苯产品，也是川染厂1978年8月动工、1979年竣工的新开发产品。该产品以对硝基氯化苯的副产品低油为原料，采用对硝基结晶低油干燥，再精馏与邻硝基氯化苯结晶而成的工艺。当年生产了848吨。1982年，川染厂通过技术改造，进一步降低了能耗，提高了产品的品质，使其年生产能力达到了2000吨以上，市场供不应求。

溴氯酸在当年系国内外市场上一个比较紧缺的染料中间体。川染厂为自身染料生产的需要，其研究所于1983年进行开发，并于次年取得了小试的成功。该产品一经问世，就得到了国内外用户的关注，同时它很快赢得了重庆、广州、上海、天津等很多客户的订单。后来川染厂因此成为国家定点的全国唯一一家出口溴氯酸的生产

④

⑤

厂家。到 1985 年，该产品的规模已经达到了年产 300 吨的生产能力。

1985 年，川染厂正式职工有 3934 人，其中工程技术人员 158 人，管理人员 389 人；固定资产净值为 10434 万元。除上面介绍的 3 个主要产品之外，川染厂的保险粉生产能力已经达到了 7000 吨，居全国同行业之首。当年川染厂的工业总产值为 8895 万元，产品出口创汇 2428 万元，实现销售利税 1501.2 万元。

2004 年 6 月，已经更名为“重庆川染化工总厂”的川染厂宣告破产。

① 四川染料厂家属宿舍
② 四川染料厂家属宿舍

第04节 重庆长风化工厂

重庆长风化工厂的厂址在长寿区的原复元乡铁厂。于1967年10月兴建，受“文革”影响，至1974年才全部建成投入生产。8个车间总投资为3549.1万元。据《长寿县志》记载：1985年该厂有职工1290人，其中工程技术人员79人；生产设备996台，其中主要设备67台；该厂占地面积104.8万平方米，建设面积26万平方米；固

重庆长风化工厂大门

①

②

定资产 3100 万元，工业总产值 3181 万元，创汇 955 万元，年利润为 203.5 万元。

重庆长风化工厂是西南地区“光气”的唯一生产厂家，其生产规模居全国同行业之首位。“光气”化学名称为二氯碳酰，它广泛应用于合成化工、化学农药、染料等工业及做某些军事化学品之原料，且可直接用作军事用途——当“毒气”来使用。“光气”毒性很强，对人体生命危险的浓度为 0.005 毫克 / 升，在浓度为 0.1 毫克 / 升下停留 30 ~ 60 分钟，即能致人死亡。

重庆长风化工厂的“光气”工程于 1967 年 10 月动工，1970 年 5 月进行设备安装，1971 年 9 月单机试车，1972 年初联动试车，于 1973 年 10 月试车成功。1974 年，该厂一些以使用“光气”为原料的生产车间陆续投产。

重庆长风化工厂原设计能力为年产“光气”2100 吨，不包括废“光气”的处理、空分供氧、冰机等辅助装置，仅其“光

① 重庆长风化工厂办公楼
② 重庆长风化工厂生产区
③ 重庆长风化工厂生产车间
④ 重庆长风化工厂生产车间
⑤ 重庆长风化工厂企业技术中心
⑥ 重庆长风化工厂生产车间

①

②

③

气”合成工艺就投下去64.47万元。1985年，我的月薪为64.47元，按这个比例来换算成今天的投资，应该是200倍，即1.2亿元。

我在国营重庆制药机械厂工作了近20年，重庆长风化工厂是我的基本客户之一。随着使用“光气”的生产车间陆续增加，其生产量也在不断增加，1978年，该厂对“光气”工段进行了局部改造，把2台主要设备——重庆制药机械厂生产的光化釜，由原来的1500L，增加到了2000L；1983年，又对“光气”生产装置进行了系统的改造，使“光气”生产能力，从原来的年产量2100吨，增加到了年产量7000吨。

要写三线建设时期的重庆化工医药的历史，可能没有一个人能超过我，因为我的母亲、

① 重庆长风化工厂生产车间
② 重庆长风化工厂职工食堂
③ 重庆长风化工厂医院
④ 重庆长风化工厂家属区
⑤ 重庆长风化工厂职工住宅楼

我的弟弟、我的妻子、我的岳父、我的妻姐及连襟、我的二舅哥，都曾经在三线建设时期的重庆化工医药系统工作过。作为国营重庆制药机械厂的主要销售人员，我参加了重庆长风化工厂从1983年开始、到1985年10月份结束的、投资298万元“光气”扩能工程的全过程，而且它的化工非标准设备和光化反应釜，全部是由我们厂生产的。我们的铆焊车间铆三班，配合重庆第二设备安装公司，也参加了这个化工车间历时三年的改造全过程。这个项目建成后，重庆长风化工厂一跃而成了国内第一家技术先进的、年产量近万吨的“光气”生产厂家。

① 长风记忆
② 长风记忆

第05节　重庆铁合金厂

民国三十年，长寿电厂桃花溪水电站建成后，因为时局的影响，以及便利的水电及劳动力条件，东南沿海的一些有远见的民族资本家纷纷前往长寿投资建厂。至民国三十五年，相继建成了中国工业电气股份有限公司四川分公司长寿电炼厂（中炼厂）、渝鑫钢铁厂长寿分厂（渝鑫厂）、中国电化厂（中化厂）、渝光电熔厂（渝光厂）、恒

重庆铁合金厂大门遗址

Multiple-producing plant
of chongqing ferro-alloy works
①

中国文化遗产
China Cultural Heritage
重庆市长寿区不可移动文物
重庆铁合金厂
重庆市长寿区文化委员会
文化执法大队: 40244436　文物管理所: 40663065
②

③

昌电化厂（恒昌厂）、华新电气股份有限公司长寿电冶厂（华新厂）等多家私营小厂，主要生产电石、硅铁、生铁等。

解放后，人民政府对私营工商业予以扶持，贷款生产资金、定货包销，各厂得以陆续复产。1952年，人民政府开始对资本主义工商业进行社会主义改造，通过赎买等政策，私营的中化厂、渝光厂、恒昌厂被接收为国营或公私合营企业。1954年7月，中炼厂、渝光厂、恒昌厂合并为四川省川江电冶厂（川江厂）。经过这一轮重组后，川江厂于1966年8月正式更名为“重庆铁合金厂”。

1954年始创时，川江厂固定资产只有42.33万元，职工人数171人，其中工程技术人员11人。1955—1956年，长寿冶炼厂、巴县群力碳厂并入

① 重庆铁合金厂标牌
② 成为重庆市长寿区不可移动文物的重庆铁合金厂遗址
③ 重庆铁合金厂办公楼遗址
④ 重庆铁合金厂车间遗址
⑤ 重庆铁合金厂车间遗址

后，其利税达到了98.6万元。1960年，川江厂电炉由1954年的6台增加到了14台，固定资产增加至416万元，年产铁合金9705吨、电石788吨，职工增加到1401人；工业总产值达到了2559万元。

1961—1963年国民经济调整时期，铁合金产品滞销，重庆铁合金厂三年亏损355万元，职工精减压缩至590人。1965年三线建设开始后，重庆铁合金厂被纳入“建立重庆较完整的工业产业链”的盘子中，截至三线建设调整中的1985年，国家总共为该厂投资了2397.2万元。据1997年四川人民出版社出版的《长寿县志》统计：1983年重庆铁合金厂职工增加到了2260人，铁合金产量达到了27043吨，电石产量2773吨，工业总产值3018.83万元，实现利润441.23万元。

重庆铁合金厂主要生产硅铁、锰铁、铬铁及硅钙合金等13个普通或特种铁合金品种，1个化工产品电石。1985年全厂职工2443人，其中工程技术人员62人；厂区占地面积30.75万平方米，房屋建筑面积11.35万平方米；有生产和辅助设备691台；固定资产达到了2337.8万元，实现工业总产值2657.7万元、利润365.6万元。

改革开放后，重庆铁合金厂并入了重庆钢铁公司。我们寄希望于下一轮可能还要到来的三线建设，让我们有着悠久历史的重庆铁合金厂能够重铸，再现昔日风采。

① 重庆铁合金厂车间遗址
② 重庆铁合金厂洞天区
③ 记挂中的重庆铁合金厂
④ 重庆铁合金厂家属楼遗址

第06节　重庆第七棉纺厂

民国三十四年，上海新友企业公司内迁重庆，在磁器口建第一纺织厂；同年在长寿文化街兴建第二纺织厂。泰安纱厂于民国三十五年在长寿县天爷庙紫云宫兴建。解放后，新友、泰安并新城、隆新纺纱厂和惠众机器厂合并，组建成重庆第七棉纺厂。

1955 年企业公私合营后，重庆第七棉纺厂的机器设备

①

① 重庆第七棉纺厂大门遗址
② 重庆第七棉纺厂标牌
③ 重庆第七棉纺厂培训楼遗址
④ 重庆第七棉纺厂水塔遗址

①

②

③

首先进行了配套调整，生产能力达 9600 纱锭。三线建设及调整改造时期，国家对重庆第七棉纺厂共投入了 1237.7 万元进行扩能改造，使其占地面积增加至 16.8 万平方米，房屋面积增加至 4.0 万平方米，织布机达到了 381 台套，年产纱锭达到了 23000 个。这比建国初期的产能翻了一番还要多。

重庆第七棉纺厂在鼎盛时期的 1985 年，固定资产达到了 1159.6 万元，有正式职工 1276 人，其中工程技术人员 32 人，纺织女工 693 人。当年生产纱 2752 吨，布 390 万米，工业总产值 1680 万元，当年实现利润 109 万元。

① 重庆第七棉纺厂厂区遗址
② 重庆第七棉纺厂车间遗址
③ 重庆第七棉纺厂车间遗址
④ 重庆第七棉纺厂家属区
⑤ 重庆第七棉纺厂职工住宅楼

第07节 化工部第七建筑公司

2020年底，我们重庆三线两会决定继重庆市的渝北之后，我们首先要把长寿和合川跑下来。长寿有多少家三线企业呢？没有现存的数字和资料。长化厂三线建设当中的扩能，川染厂、长风厂、川维厂等一些“大块头”走下来，其主要参建人——化工部第七建设工程公司的赫赫大名，就呈现在我们的眼前了。

①

① 化工部第七建筑公司大门
② 化工部第七建筑公司办公楼
③ 化工部第七建筑公司机修库
④ 化工部第七建筑公司宣传栏

化工部第七建设工程公司是1971年10月，随着第二轮三线建设高峰时间段进入长寿的。据《长寿县志》记载，1985年有正式职工1053人，其中工程技术人员47人，工人865人，其他人员141人。

听说我们是搞三线研究的好事者，已经把工程重心转移到四川，该公司留守人员很热情地接待了我们，并告诉我们：该公司1971—1985年，在长寿县共完成了21.68万平方米的建设任务。他们技术人员齐备，工装设备浩大，在长寿国家三线建设化工产业园的会战中，是一支特别能吃苦、特别能战斗的中坚力量。

① 化工部第七建筑公司家属区
② 化工部第七建筑公司住宅楼

第08节　川东脱硫总厂

为了加速川东高含硫天然气的开发建设，1977年，国家基本建设委员会批准四川省石油管理局从日本引进了一套天然气净化处理成套装置。为此，四川省石油管理局于1979年7月，成立了川东矿区脱硫总厂生产筹备处，并整合原来的垫江脱硫厂、澄江炼油厂、高洞水处理厂、綦江篆塘化工车间，在长寿县海棠乡石桥坝，于1980年

川东脱硫总厂重庆基地

① 川东脱硫总厂基地办公楼
② 川东脱硫总厂培训基地培训大楼
③ 夕阳下的培训中心
④ 川东脱硫总厂生产区
⑤ 川东脱硫总厂脱硫车间一角

12月6日，正式成立了川东矿区脱硫总厂，负责引进厂的生产设备和整个川东矿区的脱硫生产组织和管理工作。

1970年，四川石油管理局重庆会议决定筹建垫江大雷脱硫厂。1971年破土动工，占地面积9.22万平方米，建筑面积1.45万平方米。建有天然气脱硫装置3套，负责处理川东卧龙河气田高含硫天然气，日处理能力250万立方米，月回收硫黄160吨。1984年下半年，又投入500万元进行技术改造，使其日处理天然气达到了400万立方米的生产能力。

随着川东天然气气田的规模化开发，凝析油伴随着天然气而被凝析出来，且未经处理和加工就被白白烧掉了。为了环境保护和资源的充分利用，四川石油管理局于1973年4月安排自己下属的天然气研究所，进行凝析油的再加工科学试验，并于次年打通生产线后，在垫江的澄溪设立凝析油炼油厂。1977年9月建成投产后，年加工凝析油1500吨，生产66号

④

⑤

①

②

③

④

车用汽油 1050 吨、灯用煤油 110 吨、农用柴油 40 吨。

垫江高洞水处理厂负责供给卧龙河地区的垫江分厂、炼油厂、引进厂的生产和生活用水，同时还负责供应垫江炭黑厂、啤酒厂、涂料厂和本地居民的用水。该厂 1970 年开始，用趸船在高洞河取水，取水能力为每小时 150 立方米。该厂先用三氯化铁沉淀进行水处理，再后来用明矾沉淀法，最后发展到使用氯气进行水处理。

1981 年 7 月，东溪脱硫车间与炭黑车间合并为綦江篆塘化工车间，定员 206 人，设天然气净化和焦亚硫酸钠等若干个工段。25 年来，它们累计处理天然气 226443 万立方米，输出净化气 218614 万立方米；生产硫黄 7062 吨，焦亚硫酸钠 5864 吨。这不仅增加了川东脱硫总厂的经济效益，还很好地保护了环境。

川东脱硫总厂承担着川东地区含硫天然气和凝析油加工的主要任务。早在 1975 年 7 月，为满足四川维尼纶厂投产所需天然气硫含量小于 250 毫克／立方米的要求，由石油工业部牵头，组织了全国性的“卧龙河气田脱除有机硫攻关大会战”。1981 年，石桥坎引进厂投产，环丁砜—二异丙醇法脱硫的核心技术的应用，使正式职工达 1698 人。截止于 1985 年，其年产净化天然气达到了 163455 万立方米、硫黄 52648 吨、焦亚硫酸钠 623 吨、汽油 1055 吨，总产值 2223.98 万元。

① 川东脱硫总厂引进分厂大门
② 川东脱硫总厂引进分厂空燃装置
③ 川东脱硫总厂垫江分厂脱硫装置
④ 川东脱硫总厂垫江分厂设施
⑤ 川东脱硫总厂职工住宅楼
⑥ 川东脱硫总厂职工住宅楼

第09节 川东钻探公司

民国初年，长寿县但渡乡就有石油从岩缝中溢出，当地人多用土法收集，每日可得一担者也。20 世纪 20 年代，民国地质工作者就开始了对川东油气资源情况进行了零星的地质调查。1932 年，国民革命军第二十一军军长刘湘等 45 人，发起组建“中华光明石油股份有限公司”，准备开采川东地区的油气资源，但终因当时的钻探技术和资金筹集不足等缘由，胎死腹中。

1963 年 7 月，四川石油管理局在长寿县云台公社组建

①

了川东钻探处，负责重庆东部油气结构的钻探工作。三线建设时期，石油部响应毛主席、党中央的号召，把全部工作的重点放在了中国战略纵深的腹地重庆，并组织全国石油行业，开始了规模巨大的“重庆石油大会战”，钻探和开发川东地区的石油、天然气资源。通过学习大庆油田地质工作经验，从搞清楚地质结构入手，查旧井、追显示，有计划地布置了一系列的钻探工作。

在这一阶段，川东钻探公司逐步增加了钻探设备；1976 年，大型钻机增加到了 17 台，石油部还为其装备了

① 川东钻探公司重庆总部
② 川东钻探公司重庆总部石油大夏
③ 川东钻探公司重庆总部铁人王进喜雕塑

4000 米的深井钻机。川东钻探公司根据不同地区的地质特点，集中各方智慧，采取了更为科学、合理的试用喷射钻井方法，通过艰苦努力，他们初步总结出一套对付高压力、高产量、高含硫的打井技术，并成功钻探出长寿地区的卧龙河及双龙等处的 80 余口气井。

卧龙河气田位于长寿和垫江境内，是明月峡背斜北段与东侧相邻的一个低陡背斜；东与苟家场背斜相邻，北与黄泥堂背斜呈斜鞍接触，南与双龙沟构造正鞍相接。1967 年川东钻井公司初次对其进行地震调查，1975 年用多次覆盖方法进行第二次地震调查，随后通过电子计算机站对卧龙河地震资料进行数字化处理，获得了比较真实的地腹构造形态图。

从 1979 年开始，川东钻探公司采取主攻石炭系、兼探二

① 川东钻探公司云台总部大门
② 川东钻探公司云台总部办公楼
③ 川东钻探公司云台总部花园
④ 川东钻探公司钻具井控公司
⑤ 川东钻探公司工装车间

叠系、三叠系的勘探方针，在“卧69井”大裂缝系统获得了日产气64.28万立方米、压降储量为48.67亿立方米的特大气井。从此以后，1980年钻成“卧48井”，获得了日产天然气28.8万立方米气井；1984年钻成“卧82井”，日获天然气14.78万立方米气井；1987年钻成“卧115井”，又获日产天然气50.54万立方米气井。

1988年，川东钻探公司在卧龙河发现并成功钻探、获得了亚洲第一大高含硫气田之后，又布置了少数开发型气井。截至1990年，川东钻探公司在卧龙河地区共完成了118口井的钻探任务，总进尺38万米，获工业性气井97口，钻探成功率82.2%；仅石炭系气藏，其累计产能就达到了日产538万立方米天然气。川东钻探公司之卧龙河气矿，极大地满足了重庆地区的工业及民用所需天然气。

双龙气田位于长寿县双龙乡境内，为明月峡、苟家场、黄草峡三个构造之间的穹隆低背斜；北与卧龙河构造正鞍相

① 川东钻探公司云台器材库
② 川东钻探公司配电房
③ 川东钻探公司车队
④ 川东钻探公司职工书屋
⑤ 川东钻探公司职工文化活动中心

接，西与新市构造毗邻，东至长寿湖。1957 年，四川地质局石油普查大队在川东进行 1:20 万石油地质普查工作时，就发现了双龙构造。1971 年，川东钻探公司对双龙构造首次进行 1:5 万地震详调；1976 年和 1983 年又先后两次对其进行补充详调；1987 年第四次对双龙构造进行了三维地震详调，终于获得了可靠的地震成果。

1975 年，川东钻探公司在构造高点和西北翼以嘉陵江组为目的层的“双 1 井嘉五”，获得日产 64.23 万立方米的气井一口；1976 年，“双 12 井嘉四”，获日产 69 万立方米气井又一口。1980 年，川东钻探公司开始布置以石炭系为目的层兼探二叠、三叠系气层的井网，陆续在双龙构造的不同部位布井 13 口。1985 年，钻得“双 15 井”，获日产 102.77 万立方米气井一口；1986 年，钻得“双 14 井”，获日产 293.83 万立方米的特大气井一口。1975—1990 年的 15 年间，长寿双龙气田共完井 22 口，其中嘉陵江组完井

9 口，乐平系完井 3 口，石炭系完井 9 口；总进尺 35749 米，获工业气井 15 口，气井成功率 68.18%。

探得储量 16.1 亿立方米的长寿双龙气田，截止于 1990 年，累计采气 7.45 亿立方米。借三线建设的东风，川东钻探公司经过艰苦的努力，为国家的建设和发展，做出了巨大的贡献，取得了辉煌的成绩。

① 川东钻探公司职工食堂
② 川东钻探公司篮球场
③ 川东钻探公司老家属区
④ 川东钻探公司新家属区

第10节 卧龙河气田

卧龙河气田位于长寿县与垫江县境内，南起狮子滩、邻封场，北至大顺场、沙坪场，西到云台、垫江一带，东至大沙河、严家场。解放后，石油普查大队做石油普查时发现，并先后进行了电法勘探、地质细查，1967年以后进行了多次地震勘探。

该构造属川东南高陡构造区中部的一箱状低背斜，向西突出呈弓形，西陡东缓，两翼不对称；地腹垂向上，具有多个不协调的构造层断裂发育，有大小断层32条。1959

①

① 卧龙河气田矿区
② 卧龙河气田办公大楼
③ 卧龙河气田培训基地学员公寓

年开始对气田进行钻探，1972年浅层气投入开发，1973年中层气投入开发。

到1990年底，共完成钻井118口，获气97口，获气藏10个，井口总产能1830.28万立方米／日，探明储量379.54亿立方米，累计采气170.7亿立方米，剩余储量208.86亿立方米，采出程度44.9%。

重庆三线两会分别去了两次卧龙河气田矿区，发现这个老矿的新老职工充满朝气，看来他们对卧龙河矿的未来发展，还是充满信心的。

① 卧龙河气田综合楼
② 卧龙河气田工区

第11节　双龙气田

双龙气田位于长寿县境内，南起领封场，西抵双龙场，东至狮子滩水库。1957年石油普查大队做普查时发现，后进行细测；70年代后，地调处3次进行地震勘探。该构造属川东南中隆高陡构造区的一个穹隆状背斜，地面无断层，构造完整。

双龙气田地腹二叠系、三叠系，地层倾角较小，轴部断裂发育，下古生界构造圈闭。1975年开始进行钻探，1978年投入开发。至1990年，共完成钻井22口，获气15口，

双龙气田生产区

获气藏 10 个，井口总产能 822.69 万立方米 / 日，探明储量 16.1 亿立方米，累计采气量 7.57 亿立方米，剩余储量 8.69 亿立方米，气用采出程度 47.01%。

在当地考察调研过程中，双龙气田的老同志告诉我们：“总体上讲，我们双龙气田和整个重庆气田一样，具有多产层，多储集类型，多裂缝系统的特点；在勘探与开发中，难于找准主裂缝而获得高产气井。我们双龙气田气质大都属于干气，甲烷含量大多在 95%以上，少数气藏还含有凝析油，但产油井极少。”

① 双龙气田生产区
② 双龙气田管理房
③ 双龙气田双 9 井中心站
④ 双龙气田气区环境

②

③

④

第12节 黄草峡气田

黄草峡气田位于长寿、涪陵两县境内，西起洛碛镇、东至石龙场，南起金银场、北达回龙寨、狮子滩；包括黄草峡、刘家湾、领封、长寿、罗家坪等构造。从 1957 年起，地质普查大队就做了一次普查、细测。1971 年后，地调处做地震探勘。

该构造属川东南中隆高陡构造区中部的一个略似箱状

①

① 黄草峡气田井区
② 黄草峡气田风光
③ 黄草峡气田建筑

背斜构造，北缓南陡，两翼不对称，顶部较宽阔，整个构造较完整。地下构造两翼断层发育，有10条断层，其中5条规模大，延伸远，对构造形成与发展起主要控制作用。1980年开始钻探，1983年投入开发。

到1990年底，共完成钻井18口，获气11口，获气藏4个，井口总产能186.7万立方米/日，探明藏量20.93亿立方米，累计采气6.1亿立方米。剩余储备量14.82亿立方米，采出程度29.2%。

黄草峡地理位置非常漂亮，2022年8月17日，我们导航开过去一看，它居然就在著名的卫东造船厂附近，真的太巧了。

① 黄草峡气田井区
② 黄草峡气田码头

第13节　卫东机械厂

五机部在重庆至万县的长江上游河段，于上段明月沱布置了生产猎潜艇的重庆造船厂，于下段涪陵布局了生产常规动力潜水艇的川东造船厂，那么中间的长寿则摆放了一家专门生产快艇的厂家，即卫东机械厂。

我还是小屁孩时，看过一部叫《海鹰》的电影，对所谓的快艇还是比较熟悉的。这家厂放在长江干流长寿段一

卫东机械厂厂区遗址

①

②

③

个叫“深沱”的支流上，地图上百度不了。我们做功课时得知，它后来改为民用，叫渝州造纸厂，于是我们就使劲地找渝州造纸厂。功夫不负有心人，中午吃饱了饭，我们终于找到它。

经中央军委批准，卫东机械厂和重庆造船厂、川东造船厂一样，作为三线建设的核心项目，都是1966年破土动工的。长寿深沱这个地方，不像明月沱、涪陵那样濒临长江干流，便于施展拳脚。这里滩浅路窄，交通很不方便，再加上当时的项目是边设计边施工，考虑得很不全面。生产厂区的作业面在滩头，一涨水就停工；几栋家属宿舍建在厂头的滑坡地带上，单身宿舍又建在厂尾的一片密林深处，工厂首尾不能相顾。加上“文化大革命”的影响，卫东机械厂名不副实，虽然工厂是建立起来了，军工代码也有了，但却没有生产出一艘快艇。

从1966年动工，到1981年截止，卫东机械厂打打停停、停停打打，整整花费了15年时间。

1981年11月，经过国家相关部委、局和四川省人民政府批准，卫东机械厂被转交给了重庆市。并把工厂的名字更改为“重庆渝州纸厂”。重庆渝州纸厂又折腾了好

① 卫东机械厂厂区遗址
② 卫东机械厂生产车间大门
③ 卫东机械厂生产车间遗址
④ 卫东机械厂生产车间遗址
⑤ 遗留下一大堆设施设备

① 卫东机械厂生活区遗址
② 卫东机械厂职工食堂遗址
③ 卫东机械厂的变迁
④ 卫东机械厂一地鸡毛

几年，没能形成气候，又改为利用回收的废纸，转型生产瓦楞纸及箱板纸。1996 年，重庆渝州纸厂与重庆安定造纸厂合并，更名为“重庆安定造纸厂渝州分厂”，直到 1999 年 9 月全面停产。

2004 年 2 月 12 日，重庆市三峡库区淹没工矿企业结构调整工作办公室发出通知（渝库企调发 2004-5 号），即《关于下达重庆安定造纸总厂国家破产计划的通知》，下达了重庆安定造纸总厂国家破产计划。

2006 年 6 月 30 日，法院宣告终结安定造纸总厂破产程序。安定造纸总厂破产清算组将安定造纸总厂现有因拍卖流标未能变现的土地、房屋等资产作价 3709 万元，直接移交过户给重庆轻纺集团公司。卫东机械厂的所有历史从此终结。

③

④

第14节　长虹机械厂

长虹机械厂的原厂址位于如今的长寿区凤城街道轻化路。该厂原隶属于六机部，1969 年开始建设，因“文化大革命”及其他诸多因素的影响，1972 年就被建设单位放弃了。这三年内打打停停，共建成了 4 栋家属楼和 1 栋库房，房屋面积有 600 平方米左右。后来有一栋家属楼垮了，当地政府就在原来地基上修建了一栋农转非的安置房。

①

长虹机械厂在当地还有些名气。四川染料厂不少健在的老革命都还记得长虹机械厂。据说四川染料厂在经营状况比较好的时候，曾经花60万元把包括房屋在内的那片地拿了过来，但还没有来得及安排使用时，硕大的四川染料厂居然破产轰然倒下。

① 长虹机械厂遗存住宅楼
② 长虹机械厂遗存住宅楼
③ 长虹机械厂遗存家属区

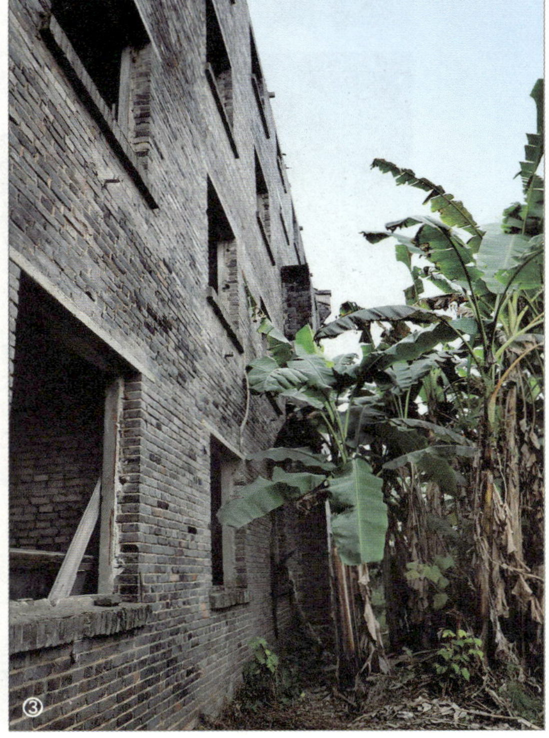

① 长虹机械厂住宅区
② 长虹机械厂家属区“过道”
③ 长虹机械厂家属区“后背”

第15节　陵江机械厂

去年七渡华蓥山我们有个教训，本来再坚持一个小时左右，又可以完成一个三线遗址考察调研的，但我们没能百尺竿头，下一次补课加上往返时间，大半天就没有了。2021年我的第一个课程就是长寿。原来的第一个篇章只有长风化工厂、卫东机械厂、长虹机械厂的，后来加了个七棉厂、铁合金厂，因为我们是第一次跑长寿的三线企业，

陵江机械厂原址

①

②

③

没有联系当地的党史研究机构，并不知道它的三线企业藏在什么地方。到了长寿区的凤城街道一问，脑壳就不太清醒了，长寿的三线建设遗存居然这么丰富？

在陵江机械厂的遗存地，我们走访了不少原住居民，获得了一些基本信息。

原来陵江机械厂是给卫东机械厂配套的专业厂家，因为卫东机械厂停建了，所以陵江机械厂也就停建了——1969 年开始，在兴建了 3 栋家属住宅楼和 1 栋库房后，还没来得及建筑厂房，1972 年就被停建。另一个版本的说法是：该厂原来是准备建成驳船专用机械厂的，后来不知道什么原因，陵江机械厂被调整到广西去了。

① 陵江机械厂原址
② 陵江机械厂原址
③ 陵江机械厂原址周边环境
④ 陵江机械厂原址

第16节 长航川江船厂

长航川江船厂原名长寿驳船厂。

1965年1月1日，根据国务院试办“托拉斯”的要求，国家交通部作出了《关于长江干流运输实行统一管理的决定》，并正式成立了长江航运公司（以下简称“长航”）。长航成立之后，先期加强行业行政管理，随即把工作重点转移到了“扩大川江运输能力”上来。扩大运输能力，肯定要大批量地增加驳船，在这种大背景下，长航重庆东风船厂首先以“东风厂（70）字第002号文件”的形式提出

①

了“关于新建驳船修造厂定点的报告”。

长航重庆东风船厂新建驳船修造厂的报告，经层层申报至国务院，得到了国务院业务组的首肯。随即，国家计委下发了“(70) 计字第 08 号文件”，交通部下发了“(70) 计字第 174 号文件”，予以正式批准。据此，四川省革命委员会生产指挥部以“川革生（70）143 号文件”的形式，给长航东风船厂作出了“关于新建驳船修造厂定点的报告批复”。

三线建设时期，以鲁大东同志为首的重庆市委面临着两项政治任务：一是建设国家常规重型火炮及船舶工业体系，并与之配套的电子、化医、机械、仪表等完整的工业体系；再一个就是比较集中的原“老八家”兵工厂的产能疏散工程。长航重庆东风船厂在这种背景下，加之本身又有一个三线柴

① 长航川江船厂正大门
② 长航川江船厂厂房
③ 长航川江船厂车间

油机生产项目——唐家沱生产基地比较饱和了，所以它把自己分厂性质的驳船修造厂，选址到了长寿县晏家公社渡口大队的周家沱。

项目确定以后，重庆长航举全司之力，完成了长寿驳船厂的初步设计，并以长航重庆军管会和革委会（秘密件）“渝船军（71）第22号”“渝船革（71）第005号”联合行文，报告长江航运公司军管会和革委会——“关于长寿驳船厂初步设计审查意见的报告”。报告除落实了国家要求的生产规模之外，还确定了占地面积268.6亩等立地条件。

重庆长航在致交通部、长航总公司的报告中，有这样一句话：根据××副主席指示“靠山、分散、隐蔽”的原则，结合具体情况，总体布局基本上做到了“依山就势、宿舍上山，

① 长航川江船厂车间
② 长航川江船厂库房
③ 长航川江船厂生产作业区
④ 长航川江船厂生产作业区

③

④

不占、少占良田”。“文革”时期的公文行文，是十分严格和政治化的，来不得半点马虎和杂念。据此，在我的认知中，还原了三线建设选址原则的出处。

1971 年 7 月 23 日，交通部以“(71) 交基字 861 号”机密级文件的形式，下达了“关于长寿驳船厂设计方案的批复”。文件明确：滑道能力可考虑照顾二千匹马力拖轮上台，进行水线以下船体修理，机修能力仍按原纲领不变；年产值一千七百万元，职工总人数一千八百五十人。投资原计划为一千五百万元。同意增加在上报设计中未列入的生产必须设备，如浮吊、拖轮、趸船、厂外总变电站等，计二百八十万元，总投资改为一千七百八十万元。

据 1997 年四川人民出版社出版的《长寿县志》记载：1970 年 7 月 18 日该厂动工兴建，1980 年 12 月竣工投产。总投资为 3098.3 万元（应包括物价上涨因素），1985 年全厂有职工 1002 人，其中工程技术人员 102 人，技工 700 人，管理人员 200 人；有船体、轮机、木油、动力电器、运输 5 个车间，生产、技术、质检、财务、安全、环保等职能科室 18 个。照这个数据推算，该厂应为中二型企业。

长航川江船厂主要设备有金属切割机床、焊割、铸造、锻压、车船运输、起吊、木作油漆、空气制氧、检验仪器等机械设备 509 台套，船台专用生产设备 500 多台，拥有独具川江优势的梳式船台滑道和 650 吨整体式升船斜架车、船台位 10 个，同时可在台修理船舶 10 ~ 15 艘。为川江运输的扩能发挥了不可替代的作用。

长航川江船厂占地面积 224664 平方米，建筑面积 46574 平方米，其中工业建筑面积 21800 平方米；动力

①

②

机械总能力6037千瓦，固定资产2481.8万元；主要生产1000～1500吨甲级驳船。形成了年造船能力20000吨、修船50艘以上的生产能力。

四年前，重庆市文物局组织我们去故宫学习“文创”——当年故宫门票收入10亿元，而它搞的“文创”收入却超过了10亿元。这叫作充分挖掘、发挥了自己的最大潜能，这才叫创业创新。最近，我给重庆市文旅委写了一个专题书面报告，提出了“成渝双核三线文化建设走廊”事宜。今以长航川江船厂为例，谈一谈如何充分利用该厂的现有资源进行“文创”，让一二三产业联动起来，再造一个川东船厂：

川江船厂现有的业务一点不变,它收自己的“门票”好了；它把主业以外的开发权全部让将出来，占一股；重庆文旅委协调沟通当地政府，把川江船厂四周的土地置换出来，并匹配国家乡村振兴政策，占一股；我们重庆三线两会注入3000万元现金，并自己的三线文化建设、策划能力，占一股。这样，三个一点组合起来，合纵连横，一座一二三产业融合发展的“长航川江船业三线文化小镇”不就建立起来了吗？

每个人都有自己的优缺点，每个企业都有自己的长短板，每个行业都有自己的特质。只有像故宫一样，依靠自身特质，且充分发挥出自己的潜能，才能有自己的“文创”、自己的精彩、自己的荣光。春节前后，我们重庆三线两会准备进一步沟通川江船厂、长寿区党研系统，先把长航川江船厂三线建设陈列室，“重庆长寿三线建设掠影”整理出来……

① 长航川江船厂职工食堂
② 长航川江船厂车队
③ 长航川江船厂职工宿舍
④ 三线两会成员走进长航川江船厂调研

第17节　重庆安定造纸厂

重庆安定造纸厂原属私企，1950年4月恢复生产，1952年8月公私合营，隶属于四川省轻工业厅，1956年下放涪陵专署，1959年改属重庆市一轻工业局。1961年下放给长寿县，三线建设开始后的1964年又收归重庆市一轻工业局。

解放初期，刚恢复生产时，重庆安定造纸厂只生产黑、

①

粗、厚本色包装纸。1952年以竹子做原料，后逐步改用麦草，生产白纸、有色打字纸、有光纸。1957年更新设备，生产4号凸版纸、书写纸、2号打字纸。

1980年能生产360克强韧表层纸板（供摩托车专用），双面胶版纸、1号书写纸、箱板纸、卷筒火柴硬纸等，总投资771万元。这家厂址地理位置也比较适中，前面有方便的公路网，身后是一望无际的宽阔长江江面……

1985年，重庆安定造纸厂占地58241平方米，房屋建筑面积25101平方米；拥有职工985人，其中工程技术人员13人；固定资产净值523万元；年产各种机制纸8307吨，工业总产值1270万元，实现利税272.7万元。

① 重庆安定造纸厂大门遗址
② 重庆安定造纸厂车间遗址
③ 重庆安定造纸厂厂区遗址

当年该厂系四川省造纸骨干企业，也是重庆市的中型先进企业。大概是因为市场和环保问题的影响吧，2022年8月16日，我们冒着室外51℃高温去考察调研时，这家厂已破败了。

① 重庆安定造纸厂“穿洞”
② 重庆安定造纸厂办公室
③ 重庆安定造纸厂厂区遗址

第18节　长寿县氮肥厂

长寿县氮肥厂于1970年8月兴建，厂址在城关镇八一大队余家湾，占地0.33公顷，初始招工248人，边搞基建边培训技术工人。1973年12月竣工投产，以天然气为原料，日产合成氨4吨，经有关部门鉴定产品达到了合格要求；1974年投入批量生产。主要产品有合成氨、碳酸氢氨、浓氨水、标准氮肥。

长寿县氮肥厂遗址

①

1974 年 9 月，根据农业生产的需要，中共长寿县委决定，投资 515.74 万元，进行边生产边扩建，计划年产合成氨 3000 吨，1978 年 4 月扩建工程竣工投产。1979 年又一次技改扩能，生产合成氨至 8324 吨，产品合格率 99%。总产值 461.9 万元，创造利润 47.2 万元。

1980—1985 年，再投资 432.66 万元进行挖潜改造，更新项目，增加设备，改造合成塔，开发轻质碳酸镁新产品。总投资为 948.4 万元，达到年产合成氨 1.2 万吨的生产能力。

1985 年，长寿县氮肥厂的主要生产设备有造气炉 2 台，氨氢压缩机 6 台，合成塔 2 座，动力机 156 台。固定资产原值 901 万元，时有职工 278 人，总产值 687.5 万元。

① 长寿县氮肥厂遗址
② 长寿县氮肥厂生活区
③ 长寿县氮肥厂生活区
④ 长寿县氮肥厂生活区

第19节 长寿县磷肥厂

1965年，长寿县财政拨款3.48万元，在复原乡关口下雷家湾，开办长寿化肥厂，以简单生产工艺生产有效磷含量为12%～14%的四级普钙、骨粉产品，1967年2月停办。1966年和1970年，为适应全县农业发展需要，长寿县申请国家投入资金，并借助化工部第七化建公司的技术力量，兴建了长寿县磷肥厂，并将原长寿化肥厂合并。

①

长寿县磷肥厂利用长寿化工厂所供磷矿粉，并以此为主要原料。其生产所需硫酸，由重庆市计委计划分配，重庆前进化工厂、綦江县化肥厂和重庆化工厂供应之。该厂采用连续化回转法或间歇法车箱化成流水线生产普钙。在1979年前，该厂所生产的普钙，由长寿县农资公司按产销合同统购统销。

1980年起，为弥补计划内硫酸供应的不足和降低普钙生产成本，长寿县磷肥厂开始利用西南合成制药厂、四川染料厂、四川维尼纶厂等单位的工厂、四川维尼纶厂等单位的工业废硫酸，搭配计划内硫酸生产普钙。

1985年，重庆磷肥厂拥有固定资产163万元，总产值120万元，利润9.93万元。

① 长寿县磷肥厂遗址
② 长寿县磷肥厂车间原址
③ 长寿县磷肥厂厂区遗址

第20节　重庆运动衫厂

从1980年开始，大规模的三线建设结束后，进入了一个长达十余年的调整期，这个调整期有两个特点：第一，建造大化肥厂，促进农业增收成了重中之重；第二，开始注重广大人民群众日常生活所需的工业产品。这期间，长寿兴建了四川维尼纶厂这样的大厂和重庆运动衫厂这类的小厂。

①

重庆运动衫厂为县属全民企业，厂址在长寿城关镇陵园村余家湾，是在原长寿县农机厂的基础上、投资 177 万元转产后，与重庆市针织三厂联办起来的。那个时候，比较时兴联合办厂。不过，重庆毛纺厂所办的第二毛纺厂，重庆药机厂办的成都、璧山分厂，没有一个办成功。

重庆运动衫厂于 1981 年 1 月 20 日投产，初期效益还比较好。1984 年 6 月，重庆市第三针织厂退出以后，其产品原来由市里统一销售转为自己负责销售，企业从此步入困境。为搞活该厂，当年新增浅色印花生产线，设立了织造、漂染、成衣、机修 4 个车间。

1985 年，该厂拥有职工 305 人，生产棉毛衫裤 44 万件，产值 147.9 万元，但因历年产品积压 30 余万件，当年亏损 27.3 万元。

① 重庆运动衫厂遗址
② 重庆运动衫厂遗址
③ 重庆运动衫厂遗址
④ 重庆运动衫厂遗址

第21节　西山煤矿

第七次下万县，完成了剩下的梁平 5 家单位的考察调研后，我们于下午 5 时开始了寻找长寿西山煤矿的艰难历程。

西山煤矿于 1999 年破产倒闭，利用微信导航位置已不可能。当我们输入原来所知道的一个大概位置——长寿杨家湾时，立即跳出来好几个，于是我们也只能一边走一

①

边问路了。最终在太阳快要落坡的时候，终于找到了它。

西山煤矿实际上位于距离长寿城区西 14 千米、一个叫幸福村的地方，距长江码头有 17 千米，距川汉公路（指重庆到武汉的公路。起于重庆白市驿，经九龙坡、江北、长寿、垫江、忠县、石柱等区县到武汉市，全长 800 多千米——编者注）3 千米，长寿到邻水的老公路经矿部经过，交通还是比较方便的。

1956 年 10 月 16 日，长寿县红旗人民公社于西山背斜西翼 701 米标高开掘平硐；1959 年 4 月，县工业局接管过来，建立了四川省地方国营长寿县倒槽煤矿；1961 年 3 月，改名“西山煤矿”，开采浅部煤层。

1970 年 1 月，根据 135 勘探队提供的地质报告，列入四川省重点小煤矿建设项目，选定于西山背斜东翼杨家湾 392 米标高新建矿井，设计能力为每年 10 万吨。矿井采用平硐暗斜井，联合布置方案，平硐长 1840 米，平硐以上分 392 米、475 米、550 米、625 米四个阶段开采。

原西翼 701 米倒槽旧井改作回风平硐。各水平集中运输大巷布置在茅口石灰岩内，由蓄电瓶机车运输。暗斜井主井有 1.6 米绞车一台，用以提升材料，下放矸石和职工

① 西山煤矿大门
② 西山煤矿办公楼

①

②

上、下班。副井为全封闭铸石溜槽下煤，集中煤仓装车。主要硐采用7吨架线式机车运输。供电系统由大洪河电站至杨家湾专设的35千伏输电线路10千米。矿部设有35千伏变电站，以6千伏电源向井下供电。

西山煤矿开采晚二叠龙潭组底部K1a煤层，平均煤厚1米；煤质为中炭、高硫、低磷肥煤。西山煤矿所采杨家湾井田，保有地质储量为1391万吨。其南界相邻的白云寺井田，保有地质储量为1100万吨，北界相邻的棉花顶井田，保有地质储量694万吨，若整合一下共同开发，可形成年产30～40万吨的中型矿区。

西山煤矿的设计能力为年产煤炭10万吨，三线建设扩其产能，国家共投入896.93万元。1980年12月26日扩能投产后，在80年代末，国家又分别投资了70万元和523万元，建设了日处理能力为2000吨的污水处理厂和年入洗能力为30万吨的洗煤厂。

西山煤矿属高沼气矿井，

有煤与瓦斯突出的危险，工作采用的是倒台采煤法，1990 年推行府伪斜分段密集采煤法，风镐落煤，金属和木材支护。

1981—1990 年，西山煤矿累计生产原煤 97 万吨，产值 2387 万元。1990 年，原煤产量 11.2 万吨，固定资产原值 1184 万元，净值 817 万元，有职工 809 人。

① 西山煤矿办公楼遗址
② 煤区小径
③ 西山煤矿家属区遗址
④ 西山煤矿住宅楼

第22节 东山煤矿

经过一年多时间的工作，“长寿－三线建设掠影”早已完成并交给了出版公司校对、排版并准备清样了。后来，我又在一份内部资料中看到，1969 年“珍宝岛”事件以后，苏联即对我们制订了“外科手术式切除”的核打击计划。为此，我国决策层又雷厉风行展开了第二轮全国性三线建设的高潮。在这个大背景下，作为全国一盘棋的“四川省

①

重点小煤矿建设项目”，也作为特定历史条件下的“民用三线”建设项目，就此应运而生。

长寿县保有的煤炭储量共计 3952.78 万吨（参见 1997 年版《长寿县志》第 567 页），且其矿藏主要分布在东山和西山两个地区。清宣统元年（1909 年），长寿人郭纯熙在黄桷岩独资土法建矿，创办了黄桷岩煤厂；但经历数年不见煤层而停产。再后来，长寿的东山、西山，私人又陆陆续续开办了小煤窑 79 座，其中东山就有 31 座。这些小煤窑均系土法开采，工艺落后，产值低，每座煤矿的平均年生产能力只有二三千吨。

全国性的第二轮三线建设高潮展开后，国家共投入 3448 万元，首先对长寿县的东山煤矿区和西山煤矿区进行了技改和扩能。长寿县内的煤矿，属二选系龙潭组，煤种牌号以“气肥煤”为主。属地方国营的东

① 东山煤矿遗址
② 东山煤矿办公楼遗址
③ 东山煤矿办公楼遗址

①

②

山煤矿矿井，经勘探储量为174.2万吨，开采方式为“暗斜井”，1990年核定的原煤年产量为3万吨；当年实际采煤2.1万吨，拥有正式职工498人。

2021年6月21日早上8:00，我约重庆市工程师协会三线建设工业文化专委会副秘书长胡承胜先生一块前往长寿。

东山煤矿位于现今的长寿凤城街道长风村（原铁厂村）附近，这个地址是原长寿市政法委副书记赵平帮我找到的。所以去东山煤矿花的力气并不是很大。

来到被封了井8年的东山煤矿，沿着原来缆车的滑道路基，小心翼翼去到矿井口。过去上千万元的国有资产，现今的留守人员是一位50多岁的残疾人，每个月只开二三百元的工资。知道了我们的来意后，他非常客气地带我们去到了杂草丛生的矿井口，还帮助我们把原来厂子的办公室搜了一个遍，找到了一大堆“破铜烂铁”和杂物，欲作纪念，其中还有一枚煤矿党组织的公章——这真的是一个意外之中的意外了。

一年多的时间下来，我们跑了 250 多家重庆、四川、贵州的三线企业，发现了大山之中的企业遗址，所在地存在的一个普遍问题：现在农村住的人口已经不多了，甚至是“空心化”了。东山煤矿遗址，整个一两个生产队（村组），现在也没有住几家人。但他们还是那样的纯朴和直爽，除了告诉了一些鲜为人知的东山煤矿的旧事之外，还主动邀请我们去采摘他（她）们种植的黄瓜、南瓜、豇豆，还告诉我们说“你们不去采，明天我们就弄去喂猪了”。

① 封闭了的东山煤矿矿井口
② 东山煤矿遗址
③ 东山煤矿住宅楼遗址
④ 东山煤矿住宅楼遗址

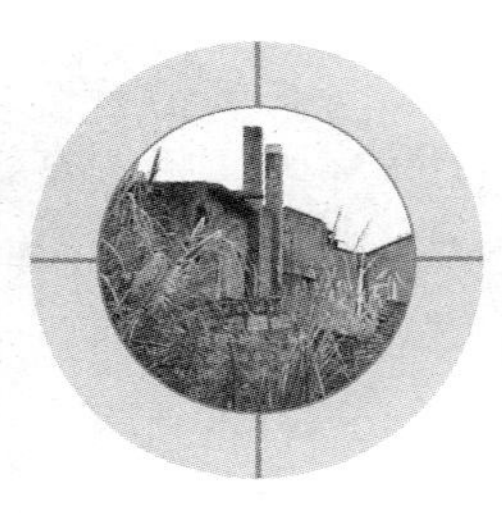

重庆市綦江县企事业单位

若干年以来，我深入綦江这片火热的土地好几次，綦江的松藻、打通煤矿，綦江的铁矿、重钢四厂及重冶、齿轮厂，綦江的双溪厂、平山厂、渝齿厂、庆江厂、钢绳厂……这些曾让我荡气回肠，给我留下了深刻的、难以磨灭的印象。漫步其间，綦江近现代工业的文化氛围，三线建设那火红的岁月，是何等的厚重和依稀。

回顾綦江的历史，特别是其近现代工业史，希望綦江能够石破天惊，重启三线建设伟大的潜能，更好地为重庆的下一个百年添砖加瓦，再铸辉煌。

第01节　綦江齿轮厂

綦江齿轮厂的前身是国民政府国防部运输署第二军用汽车配件制造厂，它始建于 1928 年，由国民政府陆海空军总司令部创办于南京的交通兵团修理处。1937 年 11 月，工厂一部分迁湖南长沙，一部分迁四川万县。1939 年 11 月，厂部及各制造分场全迁綦江县桥河乡（现址）。

解放后，经过接管整顿，先后更名为“西南工业部 502 厂”“中国人民解放军綦齿第二制配厂”“綦江汽车配件厂”。1952 年 9 月产出中国第一批汽车变速器 11 台。

①

1955年并入重庆汽车弹簧厂，1965年三线建设开始后更名为“綦江齿轮厂”。

建厂初期，该厂主要从事汽车修理和少量简单的汽车配件制造。1941年开始，主要生产汽车活塞环、活塞、轴承、板弹簧、连杆、铜套、汽缸套等产品。重庆解放时该厂有职工810人。“一五”期间，经过改造后逐步成为汽车专类齿轮厂，主要产品有汽车变速箱、变速齿轮、转向节、钢板弹簧四大类，初具轻型汽车配件生产规模。

三线建设开始之后，经过国家专项资金技改扩能，1965年形成了2.5万套件的生产能力，并试制出25吨“红岩”QJ-370型自卸汽车和太脱拉分动箱。同年引进法国贝利埃军用越野车生产技术，承担三桥、四箱及整车汽锻件的生产配套，开始了重型汽车配件的批量生产。

① 綦江齿轮厂大门
② 綦江齿轮厂生产区大门
③ 綦江齿轮厂办公楼

①

②

其设计规模为年产1050辆份（套）。1966年，该厂又试制成功CQ260“红岩”越野汽车首批样车，为此国家先后投入了4200万元。

1970年，綦江齿轮厂从美国进口格里森铣齿机，建立起直、螺伞齿轮生产基地，使生产能力达到了7.5万件。先后生产出配套日本五十铃等汽车的三种后桥锥齿轮，出口东南亚的三种后桥伞齿轮和为国内“东风”“解放”“跃进”牌汽车配套的后桥锥齿轮等产品。1971—1973年还生产了212型吉普车38辆。

1984年，国家引进奥地利斯太尔重型汽车制造技术，该厂承担了变速箱和后桥齿轮的配套任务。并从联邦德国ZF公司引进了机械变速箱制造技术。1985年，又同美国通用汽车公司签订了引进阿里逊液力机械变速箱制造技术，开始试制生产具有80年代先进水平的液力机械变速箱。TXD40、TXD50后桥齿轮获1984年重庆市优质产品称号。

1987年，该厂拥有职工5106人，其中工程技术人员380人；占地面积52.3万平方米，其中生产建筑面积9.77万平方米；固定资产原值8677万元，主要生产设备1051台。全年生产各式变速箱2462台，齿轮及轴68.43万只；转向节9.2万只，锻件5712吨；完成工业总产值5424万元，利润742万元，出口创汇102.5万美元。

2002年12月，该厂完成了公司改制，成为綦江齿轮传动有限公司。2005年6月，公司进行了股权重组，上海电气（集团）总公司成为该公司新的一方战略性股东。

① 綦江齿轮厂生产车间
② 綦江齿轮厂职工生活区
③ 綦江齿轮厂职工培训楼
④ 綦江齿轮厂职工住宅楼

第02节 重庆冶炼厂

重庆冶炼厂为叶渚沛（1902.1.1—1971.1.1）所创建，为我国第一块电解铜诞生地。叶先生祖籍福建厦门，出生于菲律宾马尼拉，1933年毕业于美国宾夕法尼亚大学，获金属物理化学博士学位，系中国化工冶金学科的开拓者和奠基人。早在1933年，国民政府为适应兵器工业发展的需要，就在南京设立了冶金研究室，叶渚沛为主任专员。

该室于1937年6月，在湖南长沙灵官渡建立了临时试验炼铜厂，开始用炉炼法熔炼原料。1937年8月，日

①

本侵略军进犯上海，威胁南京，冶金室于同年11月撤离南京迁往长沙，且于1938年试验性生产出电解精铜。1938年3月，冶金室奉迁至重庆化龙桥，名曰重庆炼铜厂，隶属于国民政府经济部资源委员会，叶渚沛任厂长。

1941年7月，资源委员会将重庆炼铜厂和当时在綦江三溪（现三江）筹建的炼铁厂、炼锌厂以其配套的电力厂合并，总称“电化冶炼厂”，叶渚沛任总经理。同时又在綦江三溪添置炼铜设备，筹建全国性炼铜生产基地。直至1945年抗战胜利后，该厂的大部分技术、管理人员被调往东北、台湾。到1949年重庆解放前，该厂的生产规模已经被大大缩小，仅能年产电解铜250吨，时有固定资产2000万元，职工269人。

新中国成立后的前三年和

②

③

① 重庆冶炼厂大门
② 重庆冶炼厂生产车间
③ 重庆冶炼厂生产车间

①

②

第一个五年计划，国家在百废待兴、财力十分有限的情况下，向该厂注入资金113万元，扩建厂房4336平方米，新增了反射炉、转炉、电解槽等一批生产要件。短短八年时间，该厂仅电解铜的年产量，由每年250吨，增加到5940吨，同时为国家上缴了纯利润2385万元。除逐年增加电解铜产量之外，该厂还先后开发了电解镍、电解钴、黄金、白银、钯、铂、硒、硫酸铜、硫酸镍等新产品。

三线建设开始后的1964年，冶金部为了给西南金属制品厂配套，决定从上海901内迁有色金属粉末车间入渝，主要生产铜、镍、铅、锡、银、钼、钴等金属粉末及各种有色金属合金粉末。1965年，冶金部军工办又在该厂定点建设了微孔金属过滤材料新项目，主要生产铜、镍、蒙乃尔、铜基、镍基、不锈钢等金属材质的管片过滤材料。

由于国家实行扩大企业自主权，对企业实行利润包干办法，推动了企业发展，使1980

① 重庆冶炼厂车间遗址
② 重庆冶炼厂车间遗址
③ 重庆冶炼厂车间遗址
④ 重庆冶炼厂车间遗址
⑤ 重庆冶炼厂车间遗址

①

年重庆冶炼厂在历史上创造了九个最好水平：工业总产值9424万元，比上年增长52%；利润完成634万元，增长2.1倍；上缴税金447万元，增长86%；全年劳动生产率5.18万元/人，增长51%；电解铜产量突破万吨大关，达11200吨，增长25%；黄金产量11682两，增长65.7%；电镍产量674吨，比历史最好水平增长22%；白银产量6.5吨，增长118%；电钴产量24.3吨，增长1%。

1983年该厂的工业总产值按1980年不变价计为10020万元，占当年重庆市工业总产值的百分之一，重庆冶金工业总产值的一半。该厂时有职工1902人，有职称的技术人员180人，大中专文化程度占全厂职工总数的12.3%；当时的重庆冶炼厂设有5个生产车间，2个辅助车间（机修、动力车间各1个），厂属研究所1个，厂办职工子弟校和技工学校各1所。

1983年，该厂拥有固定资产原值2074.24万元，净值1167.92万元，主要设备有炼铜设备1.05平方米的鼓风炉1座，10平方米的精炼反射炉2座，3吨的卧式转炉1座，1.85立方米的电解槽348个，6000安/120伏和2000安/24伏各1台，年产能力共48000吨。金银车间有氧化焙烧电阻炉1座和我们重庆制药机械厂生产的搪瓷反应罐6口。

重庆冶炼厂主要产品门类有重有色金属、有色金属及金属粉末、微孔金属过滤材料、稀有金属、贵金属、化工盐类等40多个品种。其中主打产品电解铜年产量11000吨，畅销国内21个省、市、自治区，用户达409家。该厂是国内有色冶金行业铜粉、镍粉的主要生产厂家之一，产量各占全国的一半左右，微孔金属过滤材料产量居全国首位。

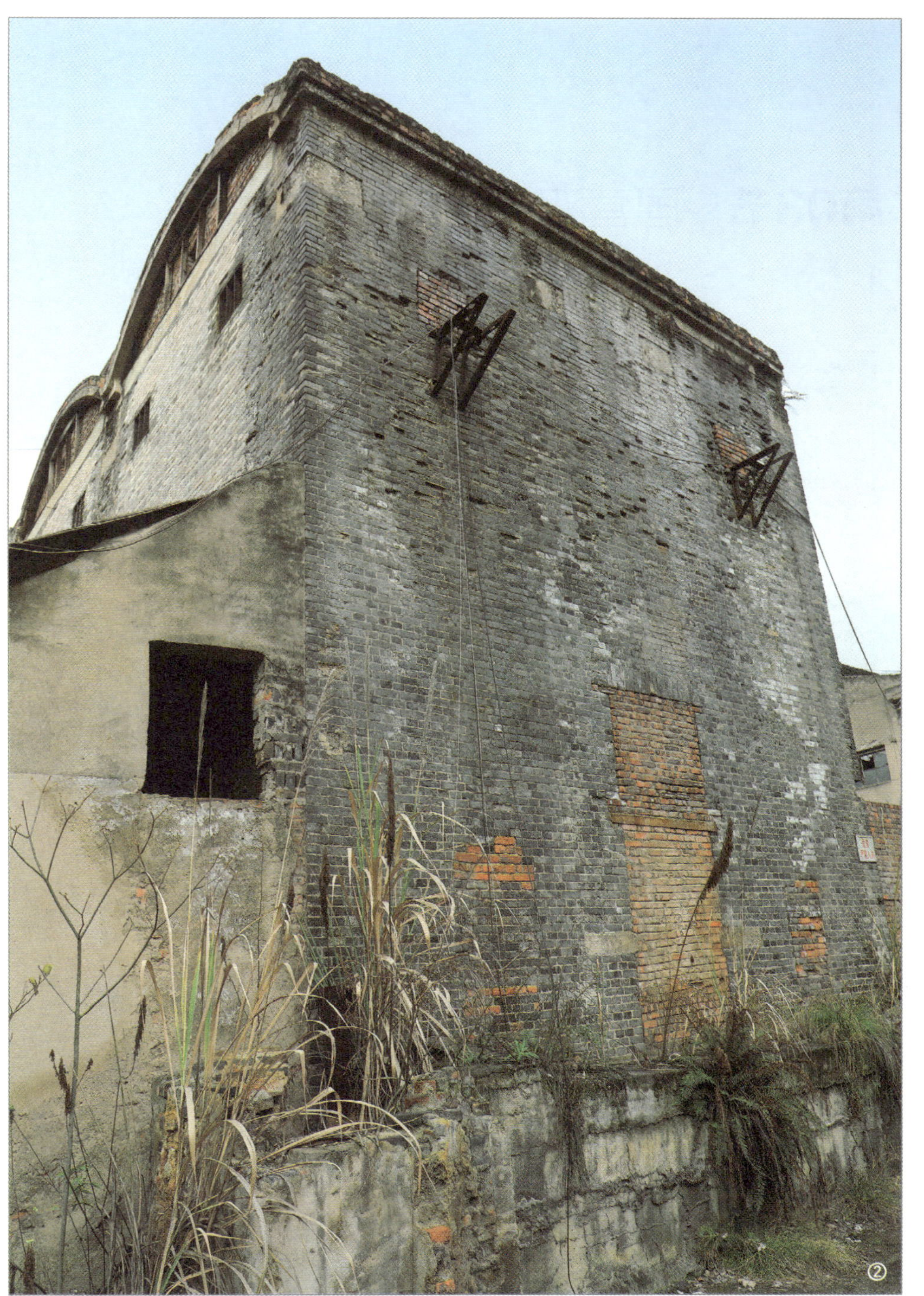

① 重庆冶炼厂车间遗址
② 重庆冶炼厂车间遗址

第03节　国营双溪机械厂

五一假期去渝东南，唯一或缺的就是綦江区了，于是我沟通了相关领导和同事，决定以重庆市工程师协会副会长的身份，带“环专委”并邀请“吊安委”并承胜工程师6义士，早上8点30，一同前往綦江区的“三线遗存”双溪机械厂去走它一走，看它一看。

1965年，根据党中央、毛主席关于加强“三线建设”的指示，在第五机械工业部的领导下，选址抗战时期残留下来的原国民党第四十兵工厂遗址——重庆市綦江县赶水

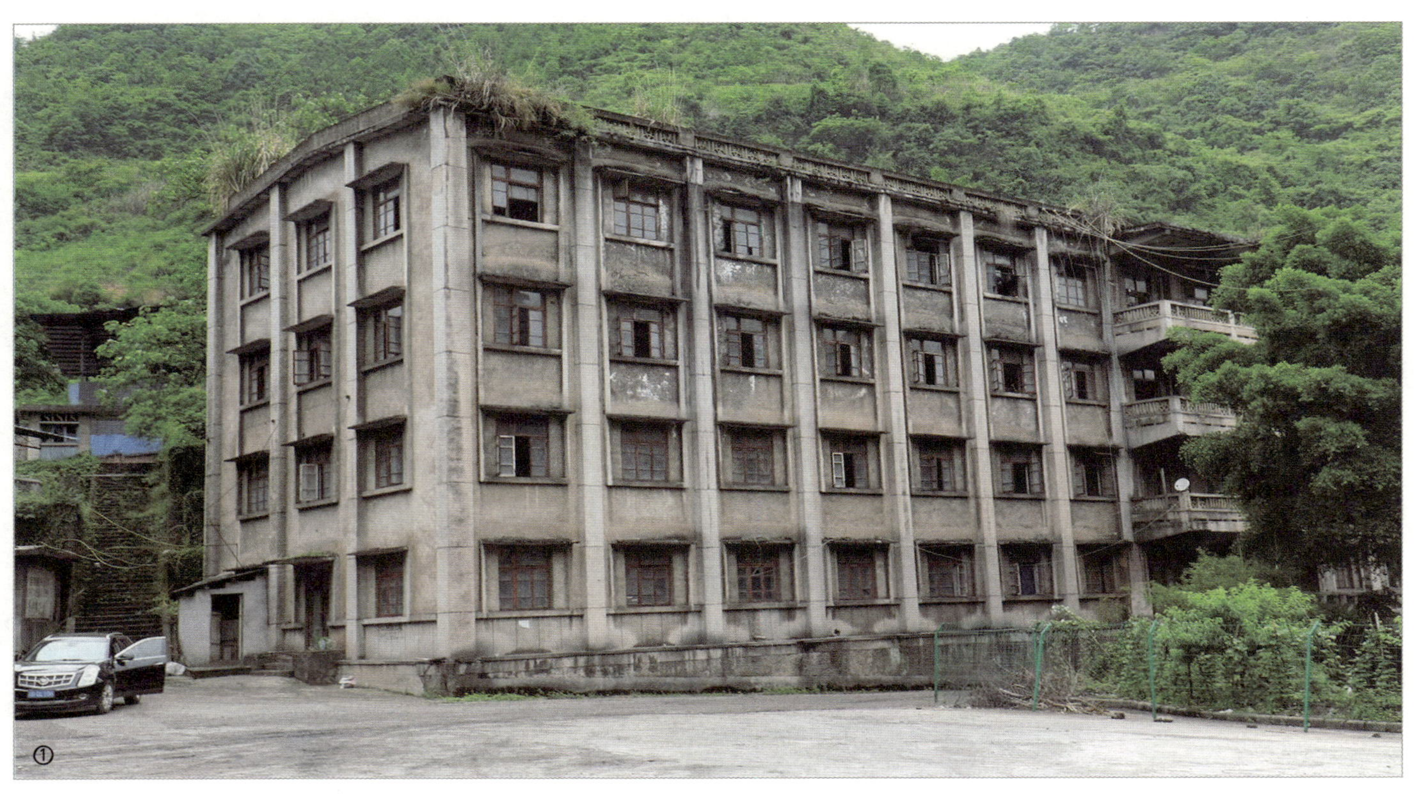
①

镇张家坝，安排东北齐齐哈尔和平机械厂、太原晋西机械厂抽调管理和技术人员，筹扩建了国营双溪机械厂（简称“双溪厂”），代码是147。

在1964年我国爆炸第一颗原子弹时，美国企图对我们实行核威胁，党中央、毛主席立即作出了与时俱进的“三线建设”的英明决策。并要求“以重庆为中心，用3年或稍长一些时间，建立起一个能生产常规武器并且有相应的原材料和必要的机械制造工业基地”。国营双溪机械厂就是在这种背景下建设起来的，它以总装60式122毫米加农炮为主，是当时国内规模最大、最具技术含量、最现代化的军工企业之一。

在双溪厂最大的二号溶洞口前面，我们看到了残存下来的一条标语：好人好马上三线。那留在原厂的职工不就成了病人病猫？由此可见当时的革命激情有多高，让人荡气又回肠啊！1965年3月10日，由东北齐齐哈尔和平机械厂、太原晋西机械厂等一大批“好人好马”，组成了基建、设备、水电等专业队伍，挺进赶水张家坝。这儿属典型的喀斯特地貌，有溶洞、溪流加暗河，符合三线建设总体的“近水、靠山、分散、隐蔽”的基本要求。

双溪厂离重庆主城区173千米，位于綦江赶水镇小鱼沱与打通煤矿之间的夹皮沟——张家坝山区。因厂区位于洋渡河和石龙河两条小溪交汇处，故名“双溪”。

① 国营双溪机械厂办公楼遗址
② 国营双溪机械厂生产区遗址

双溪厂以抗战时期国民政府制造弹药的第四十兵工厂留下来的3个溶洞为中心，设有生产区、自来水厂、大集体、家属区、配套的幼儿园及中小学到技校，还有电影院及医院。高峰时期仅正式职工就有3000人，加上大集体及职工家属有近万人之众，说它是个小社会毫不为过。

介于四川盆地和云贵高原过渡地带的渝东南，多属喀斯特地貌。双溪厂所处的张家坝，多暗河且溶洞密布。双溪厂选择了适合保密原则的3个大溶洞做主要生产车间，最高的一号洞，从山下进去，修建了一条长100米的缆车道——抗战时期四十兵工厂就在那儿造了不少子弹。其他大部分车间建在冬暖夏凉的山洞里，灯光主要靠电灯。由于山洞不是笔直的，生产所必需的行车及其轨道，只能按照山洞的自然走向一段一段地修建，拐弯的地方还需添加转运设备。加之溶洞高低不平，所以有些车间修建有台阶。我想告诉綦江博物馆的同行，若能着力打造，双溪厂仅这几个山洞，申请全国重点文物保护单位是有充分必要条件的。

双溪厂隶属于第五机械部，即后来的兵器工业部，改制后又叫中国兵器工业总公司。建厂时的定位是总装国产60式122毫米加农炮，它的各种配套件，除了来自就近的南川、万盛之外，有些来自成都、太原和包头……前些年越南不断威胁我们边境，最可爱的人把双溪厂生产的122毫米的加农炮全部拉走，一阵地毯式炮击，教训了越南，由此可见，双溪厂曾经是共和国的铁拳、共和国的脊梁……

改革开放后，邓小平推行了一条求真务实的外交路线，使原来东、西方的“对抗”变成了“对话”，“铁幕”与“冷战”终得缓解。这样的发展趋势，使得原来那些为了应对战争而建立起来的三线企业，军品任务越来越少，日子也越来越难过。再加之有些企业近山太近，进洞太深，布局过于分散，且随时存在着严重的滑坡、泥石流、山洪等地质灾害，三线企业就面临着一个何去何从、二次创业的问题了。

若能有计划、按比例地转民用一批、转文旅一批、转小城镇一批，那我们三线企业之命运则会大变了。比如说，把现在非常火爆的度假房，放到三线企业周边去开发，山清水秀，采菊东篱，是再好不过的了。

为了自己的生存和发展，

① 国营双溪机械厂连排遗址
② 国营双溪机械厂生产车间及缆车道
③ 国营双溪机械厂生产车间内部

双溪厂也尽了最大的努力去“找米下锅”。20 世纪 70 年代，该厂组成专门的班子赴大庆油田、胜利油田等地考察，回来也开发了一些电动潜油泵、矿用液压支架、汽车起重机，甚至打字机什么的，但那毕竟不是自己的长板。加之处于深山老林之中，信息不灵，立地条件有限，加之严重的税务负担、社保负担、资金负担，导致了双溪厂举步艰难，最终于 80 年代末异地搬迁到了巴南区鱼洞镇，并入了重庆大江工业集团，从而结束了自己三十多年光荣的历史。

① 国营双溪机械厂家属区遗址
② 老厂长罗继科讲述着国营双溪机械厂过去的辉煌

第04节 国营庆江机械厂

自驾车近两个小时，与环保局的尹处长和沙区的王书记，到达綦江的5017厂，考察调研。尽最大努力考察完5017厂，之后采访了一些群众，并收集了十多件该厂生产的缝纫机、电风扇、奖品等物证资料，花了420元。工作结束后，中午1:30，在黄沙村吃了三两小面。下午，参观綦江的永城镇后，马不停蹄直奔江津的青江机械厂。下午7:30，返

国营庆江机械厂生产区

①

回重庆。洗完澡后，一小丁点香肠、半碗南瓜汤、10个核桃、最后1个霉点馒头，加二两革命小酒，如此就过了一天。

一

我心中有一个“缝纫机情结”，为此倾我所能，收集了1000台古典缝纫机，并我的古典照相机，在重庆龙兴的民国街，开了一家博物馆，供大家免费参观。

抗战时期，在重庆南岸龙门浩，装配过用于被服生产的缝纫机。新中国成立后，重庆市有4家工厂生产过家用缝纫机。除重庆缝纫机厂量产的“红岩”牌之外，另3家均为兵工厂：建设机床厂在60年代生产过“鹅”牌缝纫机，80年代初，庆江厂即5017厂生产过“重庆”牌缝纫机、空压厂生产过“峨眉”牌缝纫机。

位于重庆市綦江区永城镇黄沙村的国营庆江机器厂（简称“庆江厂”），军工代码5017，始建于1969年4月，1970年7月投产，主要负责高射炮的总装。最高潮的1979年对越自卫反击战时，年产100毫米高炮216门。

庆江厂分布在三条山沟当中，总厂设在松林沟。该厂占地近1000亩，建厂初期有正式职工1068人。厂里负责后勤的封师傅告诉我，最高峰时5017厂有职工和家属

7000余人。在厂外的一家小面馆，老板娘很自豪地告诉我们：庆江厂的电影院，在綦江算最好的了，演电影时那是人山人海啊，周围二三十里地的贫下中农，有时候要排一天的队才能买得到一张票……

封师傅和当地的土著贫下中农郭大伯告诉我，在上海和武汉人的帮助下，1982年5017厂开始研发家用缝纫机，1983年、1984年，共生产了两年，多数按计划调往了湖南、湖北和广东。当年封师傅的工资是43元，内部职工每人每年发一张票，60元买一台。郭大伯买的职工剩余的"票"，花了120元，也买了一台。他说现在家里还有一台5017厂生产的落地风扇，我愿意出200元购买，他万分不舍地让给了我。

二

1977年，五机部、总后军械部、空军司令部组织全国各地生产高射炮的企业，在上海举行了一次代号为"025"的大测试，庆江厂的成绩名列第一。今天的庆江厂不是因为自身的原因垮掉了，而是因为国家的战略调整，进了城。

① 国营庆江机械厂生产区遗址
② 国营庆江机械厂生产车间遗址

我相信庆江军工、重庆军工是全世界最好的或即将成为最好的之一。

在一个我们并不熟悉的夹皮沟，能够找到它的办公楼、技术监控系统是很不容易的事，可是我们做到了，还很金贵地留下了手工制作的流程图、毛主席像章以及办公用品。

今天计划是在庆江厂考察一天，不是仅仅拍几张照片就走。昨天跟何智亚会长通了一个电话，他讲多拍几张老房子很有意义，我以为在这儿找一找逝去的单身职工的感觉更为重要。1981 年，给我安排的职工单身宿舍是在沙正街的 35 号——药机厂最大的单身宿舍，有三层楼，共 24 间。我被分到了二楼上楼右手的第一间，共住有三个人：一个叫张泽志，电大毕业，先当镗床工并一金工车间团支部生产委员，我离开药机厂后他做过党委书记；另一位叫施蜀平，我培养他做了一金工车间的团支书，后来我当销售科长时把他调到身边，专门负责买火车票。大家处得很和谐，也很单纯，不像今天一切向钱看。

我们走了几十家三线厂，还没有去看过一座完整的托儿所。今天到了庆江厂，经向郭大伯打听得知，庆江厂的托儿所就在三岔路口上面那座靠左的山头山。于是我和尹处长、王书记拾级而上，从杂草丛生的、半开着的大门里，小心翼翼地探索而进。庆江厂的托儿所可容三四百位小朋

①

友。主楼三层，每层五个班；附楼的底层是伙食团，二三楼是老师办公室和休息室。过去的欢歌笑语可以想象得到，但是现在已经静了、荒了、远了……

1979 年对越自卫反击战结束之后，庆江厂军品生产任务就逐年减少了。为了贯彻“军民结合”方针，工厂开始试产收音机、万用表、冰糖机、冰糕机和缝纫机等民用产品。他们以自己的军工优势，与科研院校相结合，逐渐形成了矿山液压支架和塔式起重机两大系列的支柱产品。1985 年，其民品产值也达到了 2058 万元。但相对于六七千职工家属而言，这个产值也仅仅是杯水车薪。1999 年 4 月，相关部门批准庆江厂搬迁到了巴南鱼洞，并入了大江工业集团，从而结束了自己三十年的辉煌的历史。

三

2017 年 12 月，《重庆市工业遗产保护与利用规划》确定了 96 处工业遗产名录，庆江厂位列其中。

1999 年 4 月，庆江厂全部搬走后，这里的厂房、办公楼、学校等建筑，包括厂区的整体结构都非常完好。进入

① 国营庆江机械厂办公楼遗址
② 国营庆江机械厂俱乐部遗址

①

21 世纪后，綦江区依托原庆江厂空置出来的构建物和土地，实行招商引资，并于 2009 年成立了庆江厂中小企业创业园，且引进了不少实体企业。但在新冠疫情影响下，我们在原厂区、包括医院在内的企业，看到冒烟的并不多。

走过河上的石桥，来到庆江厂的生产区。厂区的水泥路已经在时光中变得斑驳起来，显得坑坑洼洼。道路两侧的行道树，有的已经长成了参天大树，且大多数因为无人管理而显得精神萎靡。几座楼房上，当年写下的宣传标语还依稀可见。老车间的角落里还残留着当年各车间办的黑板报，上面的“光荣榜”名单、安全生产漫画还依稀可辨。这些历史的痕迹，很容易让人回忆起那个火红的年代、那个激情燃烧的岁月。

当年的庆江厂以河为界，分为生产区和家属区，河上的这座石桥连接生产区和家属区。如今，这座桥还是人们进入生产区的唯一通道。昔日的俱乐部仍然屹立在厂区中心，但五道网状铁门已经是锈迹斑斑，目不忍视。俱乐部四周野草疯长。大门顶层的平台上，当年立下的“庆江俱乐部”几个铁制的大字，尽管业已锈透，但在阳光下依然挺立着，像三线建设的精神一样，没有轰然倒下……

河岸边上的住宅楼已经破败，基本上成了废墟，有的甚至完全倒塌。就是这样的楼房，居然还零星居住着没有离开的庆江厂老年职工。他们在这样恶劣的环境中，自给自足，在其房前屋后种上了不少时令蔬菜。在老房子的外边，偶尔可以看见几只老母鸡，在楼与楼之间的空隙中，悠闲地觅着食；和居住在这里的老庆江产业工人一样，过着世外桃源一样的宁静生活。

原来曾经生机盎然的庆江厂，已搬走二十多年了，昔日的厂房和家属区，医院和子弟校依然耸立在那深绿色的山沟里。这最后残留下来的构建物，好像一位风烛残年的老人，还在追忆着曾经有过的芳华。放眼望去，可谓满目疮痍，不同色调的树叶随风飘撒在地下，肆无忌惮地表达着被遗弃后的孤独。昔日激情燃烧着的庆江厂已经不再回来。如今，除了这些陈旧和破败的遗存之外，庆江厂曾经的辉煌，在时光中已经成了永远而美丽的挂记。

① 破败的国营庆江机械厂依旧鲜花盛开

② 国营庆江机械厂厂区遗址

③ 国营庆江机械厂理化室遗址

① 国营庆江机械厂厂区一角

② 国营庆江机械厂托儿所原址

第05节　重庆钢丝绳厂

重庆钢丝绳厂的前身，是私营万泰五金制造厂。

万泰五金制造厂厂址在重庆南岸区的龙门浩，创办于民国三十二年（1943 年）。初创时只有员工 20 余人，主要生产木螺丝和钢钉。1953 年更名为“厚诚五金制造厂”，1956 年与华孚制钉厂、荣光车丝厂合并，实行公私合营。1958 年 9 月，更名为“地方国营重庆市南岸钢丝绳厂”。

1960 年，该厂搬迁至綦江县的三江镇以西的綦江岸上，北距县城 16 千米；1966 年 9 月更名为“重庆钢丝绳

重庆钢丝绳厂大门

①

②

厂”，是年12月开始生产钢丝绳。“文化大革命”前三年，年产钢丝数百吨，1970年至1975年，年产量徘徊在2000吨上下。在此期间，该厂开始淘汰老旧设备，采用积线连续拉丝机、水箱拉丝机和管式绞绳机等先进设备进行生产。

从1975年起，该厂开始采用新工艺、新技术，同时逐步发展了盐井绳、航空钢丝绳、镀锌钢绞线等新产品，1977年，第一次突破年产3000吨的设计能力。1978年，利润首次突破100万元，1979年达177万元。1980年产量达到了6489吨，一跃而成为国家在四川地区仅有的一家定点生产钢丝绳等金属制品的中型企业。

从1980年至1985年，国家又先后投资百余万元，使该厂完成了拉丝、钢绳两个主要生产车间3400多平方米的危房改造，开始了热镀锌主厂房的改造；同时在设备、工艺、技术上进行了相应的更新和升级。1985年，该厂的年生产能力已达1.35万吨。

该厂注重技术革新，拥有较为丰富的技术储备，可生产轮胎钢丝、轴条钢丝、伞骨钢丝、线接触钢丝绳等产品。1981 年，镀锌钢丝和镀锌钢绞线荣获“四川省优质产品”称号；1984 年，钢丝绳荣获“重庆市优质产品”称号，且获 1984 年重庆市第二批重点企业整顿合格证书。

1985 年，重庆钢丝绳厂占地面积 17.6 万平方米，建筑面积 6.9 万平方米，全厂共有职工 1066 人，固定资产原值 1633 万元，流动资金 1039 万元；全年生产钢丝 7157 吨，镀锌钢丝 4154 吨，镀锌钢绞丝 1505 吨，完成工业总产值 2256 万元，实现利润 580.4 万元。

① 重庆钢丝绳厂生产车间
② 重庆钢丝绳厂综合楼
③ 重庆钢丝绳厂生产车间
④ 重庆钢丝绳厂电影院
⑤ 重庆钢丝绳厂职工家属区

第06节 重钢四厂

重钢四厂的全称是“重庆钢铁公司第四钢铁厂”。

1964年，为了加强“三线建设”的需要，冶金部决定以綦江原有的三江钢铁厂旧址和留守人员为基础，新建一个西南地区最完善的薄板厂，定名为三江薄板厂。1965年10月，三江薄板厂动工兴建，并将其划归重庆钢铁公司领导，更名为重庆钢铁公司第四钢铁厂，简称“重钢四厂”。

原有的三江钢铁厂位于綦江县三江镇境内的綦江两岸，川湘公路从厂旁经过，西北距綦江县城15千米。三

①

江钢铁厂的前身——东原铁厂（起源于私营东原公司），枝枝蔓蔓，分分合合，其构成比较复杂。

1951 年 6 月，川东行署批准接收私营东原公司为国营东原冶炼厂，同年底更名为东原铁厂。东原铁厂总厂设在綦江东溪，下属 5 个分厂：一分厂在镇紫街，二分厂在吹角坝，三分厂在川洞，四分厂在跳鱼洞，五分厂在两河口。东原铁厂另在四川省合川县和射洪县各设有一办事处。

当时东原铁厂全厂共有职工 329 人，固定资产 103944 元，流动资金 1223744 元。1952 年 11 月，东原铁厂划归重庆市工业局领导。1954 年，东原铁厂接管泸州铁工厂所属之赶水、兴隆两座高炉，分别编为六分厂和七分厂。1956 年 2 月，又接管地方国营綦江东溪铁厂，并更名为东溪分厂。

②

③

① 重钢四厂大门
② 重钢四厂办公区
③ 重钢四厂生产区

①

②

1956年至1957年，东原铁厂在三江石溪口修建33立方米的高炉，同时将交通不便的二、三分厂撤销。1958年2月，又接管了綦江铁矿所属之白石塘铁矿。1958年5月，重庆市第一工业局利用抗日战争时期原电冶炼厂第三、四冶炼厂所遗旧址、旧厂房，动工新建了一座钢铁厂；同年7月，东原炼铁厂与这个钢铁厂合并，正式成立了三江钢铁厂。

三江钢铁厂成立后，除原东原铁厂所建33立方米的高炉之外，还先后于1958年、1959年和1960年，建成33立方米和100立方米的炼铁高炉，以及20吨、50吨的炼钢平炉和3吨的炼钢转炉，至1962年共生产生铁8万吨、钢6万吨、钢材2万吨。后因国家政策性调整和经济、运输等原因，至三线建设开始前，企业处于停产状况。

得益于"三线建设"的政策支持，1966—1984年期间，重钢四厂各车间先后建成投产，主要生产高炉锰铁、碳素锰

① 重钢四厂车间一角
② 重钢四厂车间一角
③ 重钢四厂车间一角
④ 重钢四厂车间一角
⑤ 重钢四厂厂区环境
⑥ 重钢四厂车间一角

铁、矽钢片和各种钢板、钢带等产品。1985 年，重钢四厂占地 15.32 万平方米，建筑面积 14.8 万平方米，全厂共有职工 3472 人。1965 年以来，国家先后投资 7880 万元，形成固定资产总值 5682.6 万元，设备总量 5992 吨。1985 年，重钢四厂共产钢板 73136 吨，锰铁 17864 吨，完成工业总产值 9962 万元。

① 重钢四厂生活区
② 重钢四厂影剧院
③ 重钢四厂综合楼

第07节　松藻矿务局

松藻矿务局位于重庆市綦江县最南端的赶水、石壕两个区境内，紧邻贵州省的桐梓县和习水县。局机关设于綦江县的打通镇，北距重庆市 175 千米。该局拥有松藻、打通一矿、打通二矿、石壕和逢春 5 对矿井，设计生产能力为 405 万吨 / 年，核定生产能力 396 万吨 / 年。与之配套的有洗选厂、机修厂、川煤九处和水泥厂、炭黑厂、多

松藻矿务局办公楼

种经营公司、职工医院、子弟学校、技校等机构。

1957年，松藻矿区开工建设年产10万吨的松藻一矿，1958年8月简易投产。1961年5月，松藻矿务局成立，下设松藻一矿、同华煤矿和同兴煤矿。三线建设开始后的1965年，松藻矿务局撤销，成立了“松藻矿区生产建设指挥部”。

松藻矿区的矿井开拓方式有平硐、斜井与立井三种方式。采面布局原设计为走向长壁式，从70年代起，将缓倾斜煤层的走向长壁式改为倾斜长壁式布置。

70年代，松藻煤矿使用了KM Ⅱ -1型截煤机改装的滚筒式采煤机；80年代，缓倾斜煤层的开采主要为综采和高档普采。1990年，全局采煤机械化程度达到54.3%，综采程度达

① 松藻矿务局招待所
② 松藻矿务局综合楼
③ 松藻煤电体育馆
④ 松藻矿务局生活区
⑤ 松藻矿务局职工住宅楼

③

④

⑤

松藻矿务局广场

到 44.15%；掘进装载机械化程度达到了 67.73%。1989 年 1 月，打通一矿被中国统配煤矿总公司命名为“中国煤炭工业现代化矿井”。

在综合利用和洗选加工方面，松藻矿务局有 8 个瓦斯抽放站，1990 年矿井抽放总量达 5923.1 万立方米，居全国煤矿瓦斯抽放量的第二位。抽出来的瓦斯除生产炭黑之外，主要供给民用，建成 5000 立方米瓦斯储存罐 4 座，10000 立方米储存罐 1 座，有 1.2 万多户居民用上了瓦斯燃气，成为重庆市煤炭系统第一个生活燃料气化局。

松藻煤矿系上二叠系龙潭组，矿区地质构造比较简单，煤层贮存条件比较稳定，含煤 7 ~ 11 层，煤厚 5.72 ~ 16.24 米，可采煤 3 ~ 5 层，总厚度 4.3 ~ 7.8 米。其中，中厚煤层占 63%，缓倾斜煤层约占总储量的 65%，适合机械化开采。1990 年末，累计探明储量 9.19 亿吨，保有储量 8.75 亿吨，工业储量 7.58 亿吨。

1990 年，全局共有职工 2.63 万人，固定资产原值 6.51 亿元，净值 5.13 亿元，主要生产设备 3.39 万台。1958—1990 年，累计生产原煤 3791.5 万吨，洗混煤 265.9 万吨，完成工业总产值 7.4 亿元。其中，1990 年生产原煤 300.6 万吨，完成工业总产值 1.24 亿元。

第08节　綦江铁矿

重庆人都知道重钢，也应该知道綦江铁矿。但綦江铁矿在哪儿？长什么样子？大多数重庆人都是不知道的。

重庆市綦江区赶水镇的小鱼沱，处在大山深处，洋渡河在这条山沟里蜿蜒流淌。洋渡河左边，一条狭窄的小港，它就叫小鱼沱。破旧的青瓦房和几幢灰蒙蒙的楼房，矗立在狭窄的平地上。右边的老渝黔公路旁，摆着两条锈迹斑

綦江铁矿正大门

①

驳的铁轨，已经被遗弃多年。露天的采矿设备和矿车车斗已经有气无力。这里就是著名的綦江铁矿？

綦江境内的铁矿，主要分布在土台、麻柳滩和大罗一带。当地的铁矿资源以赤铁矿、菱铁矿和混合矿为主，从宋代起就一直有人开采。到1930年，东溪一家冶炼厂开办了谦虞铁矿公司。1937年抗战全面爆发，许多位于华北、华东、华南地区的工厂内迁重庆。1938年3月，武汉钢铁厂也迁到了重庆大渡口。钢铁厂生产需要大量的铁矿石和煤炭作支撑，这样綦江的铁矿资源就显得特别的重要了。

1938年1月，国民政府在汉口成立綦江铁矿筹备处，全面接收了民营企业谦虞公司；同时接管了土台、麻柳滩、白石潭、大罗坝、苏家井等5座矿区，并立即组织了有序的大规模开采，相继在土台开凿了一号、二号、三号直井，同时兴建了轻便铁路和相应的3个运输站。1938—1945年，綦江铁矿共生产了铁矿石19万吨，为重庆经济社会发展和抗日战争的胜利做出了巨大的贡献。

新中国成立后，綦江铁矿成了西南工业部101厂（即后来的重庆钢铁公司）的下属矿山，系重钢集团的铁矿石供应基地。到1979年，綦江铁矿形成了以小鱼沱为中心，包括大罗、土台、平硐、麻柳滩、白石等5个矿区在内的大型铁矿开采企业。整个矿区南北相距达50千米，成为名副其实的百里矿区。

1950年，綦江铁矿石年产量只有2万多吨；到了1978年，其年产量达到了65万吨之巨。在1979年以前，綦江铁矿5个矿区的职工，多则五六千人，少则六七百人；每一个矿区都形成了工矿场镇的规模。所建医院、学校、工人俱乐部、邮局、银行、菜市场、工贸商店等应有尽有。

70年代初，綦江铁矿本部从后山的土台搬到小鱼沱后，土台镇人民政府也随之搬到了小鱼沱。小鱼沱作为铁矿中心，这里的居民已有5000多人。小鱼沱也逐渐成了一个繁华的小城镇。那时候，綦江铁矿生产充满活力，百里矿区蒸蒸日上，铁矿职工的幸福生活让周围的贫下中农和普通居民羡慕不已。

我们不少人对真正意义上的产业工人是缺乏认知的，以为他们除了吃苦耐劳之外，就是五大三粗的了。蜡烛点灯——其实不燃（然）。1972年回到重庆后，我家隔壁住着伙食团的陶伯伯，他的三儿子、我叫陶三哥，就是一位重钢的石

① 綦江铁矿铁路运输枢纽
② 綦江铁矿矿区一角
③ 綦江铁矿矿区铁路

匠。陶三哥平时话不多，接触久了才知道他的内心世界非常丰富。陶三哥有三个爱好：一个是下象棋，一个是跑图书馆看鲁迅的文章，一个是学习无线电知识。久而久之我们成了朋友。不知道从什么时候开始，他把所有的积蓄都拿去买显像管、电子管、电阻器等元件去了，大概半个月不到，他就装了我们这座红砖楼第一台九吋的黑白电视机出来。我们每天晚上开始在他家门口排队看美国电视连续剧《加里森敢死队》了。

1979 年，因为綦江铁矿资源枯竭导致开采成本高，再由于它的铁矿石含二氧化硅高、品位低等原因，铁矿石被限量生产，年产量不超过 5 万吨。1989 年 7 月，綦江铁矿正式闭坑封井，停止采矿生产。从此，綦江铁矿终于完成了它阶段性的历史使命，告别了昔日的辉

① 綦江铁矿矿区滑槽
② 綦江铁矿运输机车
③ 小鱼沱人行桥
④ 綦江铁矿化验室
⑤ 綦江铁矿职工住宅楼

③

④

⑤

煌和灿烂，一步又一步地远离了社会的繁华和荣光，变成了破败和城东南之旧梦了。

告别綦江铁矿之前，我们在小鱼沱吃了一顿午饭。在等小炒的这个时段，我随访了一位 76 岁的做缝纫的封姓婆婆。封婆婆告诉我，她曾经是一位美丽的姑娘，作为矿工家属嫁到小鱼沱来的。她的丈夫曾经是綦江铁矿的一位矿工。那个时候两个人相亲相爱，日子过得巴适惨了。后来丈夫遭遇矿难走了，綦江铁矿后来也办垮了。但她不愿离开，因为这里有封婆婆全部的幸福和甜蜜。“我每个月有 900 块的抚恤金，加之小小的缝纫店补助，生活过得去了。”她那慈祥的笑容以及笑容后面那份记挂、那份思念，让人十分感动。

和平年代的产业工人及其家属，难道不是这个年代最可爱的人吗？

① 綦江铁矿学校
② 綦江铁矿篮球场

第09节　东溪气田

继考察调研相国寺气田、石油沟气田之后，2022 年 7 月 11 日，重庆三线两会又冒着室外 40 多摄氏度的高温，前往綦江的东溪考察调研了东溪气田。

重庆的气田不像大西北的油田那样一望无际，而且都比较小，比较分散，于是我们只好找了一部当地的“摩的”带路。

东溪气田核心区

东溪气田位于綦江县的中部，它的南端才是东溪镇。20 世纪 30 年代后期，杨博全调查石油沟构造时就发现南北各有 1 个“高点”。解放后重新调查，被再一次予以证实，遂定名北为石油沟，南为东溪构造；三线建设四川大力寻找石油天然气资源时，于 70 年代又安排了地震详查。

东溪构造为低背斜，西陡东缓、梳状，其地腹构造与地面基本一致；地面无断层，“高点”位于篆塘，地腹断层少，并有小逆断层派生。20 世纪 50 年代中期，开始钻探与开发，1978 年结束钻探。至 1990 年底，共完钻 23 口井，获气井 17 口，井口总产能 349.41 万立方米／日；共获气藏 7 个，探明储量 36.4 亿立方米，累计采气 31 亿立方米，剩余储量 5.38 亿立方米，采出程度 85.2%。

① 东溪气田井田
② 东溪气田标牌
③ 东溪气田东 9 井

第10节　东石线集输建设工程

1955 年 11 月，东 1 井建成投产；1959 年 5 月，东 7 井建成投产。三线建设开始后的 1965 年，四川石油管理局投资建成"东石线"，把东溪、石油沟两个气田，起自东 4 井、引东 7 井（Φ159）到巴 9 井 1 号阀室（Φ245），并同步建成了脱油车间。到 1978 年，该气田 17 口井全部建设成功并连成了一片。

东石线集输建设工程增压站

1956 年，东 1 井投产供炭黑一车间；1959 年，东 7 井供炭黑三车间，且均由井站接管直输。1960 年，东 3 井供三江钢厂用气，使重钢四厂成为全国最早使用天然气与发生炉煤气混合炼钢的企业。1965 年建成东石线，在古剑、桥河、转关口等地建有一级站，綦江齿轮厂、綦江化肥厂、綦江玻璃厂、重钢四厂、重庆钢铁丝绳厂等单位先后用上了天然气。

1971 年，从巴 9 井站到大坡站建管，供青江厂、晋江厂用气。1977 年，从东 7 井站敷设 Φ273 管线 31 千米至麻滩，供重钢磁选厂用气，后延伸到双溪机械厂。1980 年后，对气用集输工程进行改造，东 7 井站安装 9 套分离计量装置，便成了气用枢纽站。到 1985 年底，全气田共建了 6 座集输站投入了生产。

①东石线集输建设工程井田
②东石线集输建设工程东七井
③东石线集输建设工程承载支架
④东石线集输建设工程承载支架

第11节 成都军区507库

过去中国人民解放军有三总部，即总政治部、总参谋部和总后勤部（简称“总政”“总参”和“总后”）。总政治部管干部、总参谋部管战备、总后勤部管物资。总后在重庆设了一个分部，即37分部，是管理重庆、四川、贵州后勤保障的军级单位，其遍布在川渝黔的军火库有15座，507库就是其中的一座。

①

我在重庆41中学南桐分校实习时，去过508库，前段时间跑“三线”时又去过一次。据说507库和508库一样，都是枪械库，原来属于总后三十七分部管理，是一个正团级单位，后来划给了成都军区。再后来就不知道这些军械搬到什么地方去了，除留下少许管理人员之外，几乎无人问津。

2021年12月29日，一个风雨交加的下午，我与刘祥宽考察完松藻矿务局的渝阳煤矿，过安稳镇返回重庆的路上，无意中突然发现一座类似于万盛508库一样的军用库房，507库的样子一下子闪现在我的脑海里，我招呼小刘停下车，向老百姓一打听，果然是历史长河中的成都军区507库。

西南交通大学出版社1991年4月出版的《綦江县

① 成都军区507库大门
② 成都军区507库警示牌
③ 成都军区507仓库

①

②

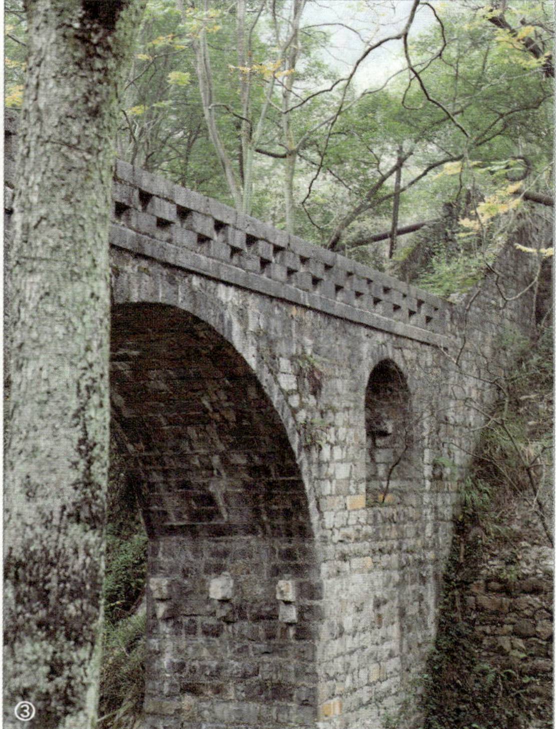
③

志》第 266 页有这样一段记载："中国人民解放军后字三三三部队，1967 年 7 月奉派驻綦江安稳。同时派驻的还有中国人民解放军七八一八部队的一个营，该营于 1969 年底撤走。"我想这个"后字三三三部队"就应该是驻 507 的部队吧？而那个营，应该是建库的基建部队吧？

从安稳返回重庆后，我又专门组织相关人员再到成都军区 507 库去研究过它的建筑材料。我们发现，这个军械库墙体大部分是用的水泥砖，房顶多用的是氧化镁特制的仿机瓦。从这些国防设备的建设中，我们可以深深感受到那个激情燃烧的岁月里，子弟兵建设这座国防设施是多么的不容易啊！

① 成都军区 507 库—"军事重地"
② 成都军区 507 库—"战略储备"
③ 成都军区 507 库—"专用桥梁"
④ 成都军区 507 库库房
⑤ 成都军区 507 库库房

第12节 重庆市职业病防治医院

1958 年 10 月，重庆市第六人民医院奉命移交给设在綦江县三江公社磨滩的重庆三江钢铁厂；当月即迁来磨滩，改名为重庆三江钢铁厂职工医院。1959 年，三江钢铁厂接收了设在三江圆通寺的铁路职工疗养院后，即将疗养院的地址和房屋作为职工医院的地址和房屋。时有职工 90 人，病床 80 张。

1962 年三江钢铁厂停产下马后，职工医院移交回重庆市卫生局，仍复名为重庆市第六人民医院。1968 年，

①

医院新建大楼落成后，病床增至 120 张。到了 70 年代中期，该院已经发展成为科室较为完整、设备较为齐全的综合性医院。

1980 年，重庆市人民政府决定将该院改建为重庆市职业病防治医院，设综合性病床 150 张，职业病病床 50 张。

三线建设调整时期，该院从綦江三江重新迁回重庆，与随后从万县六机部迁移过来的川东职工医院合并，组建成立了新的重庆市第六人民医院。职业病医院单位领导任院长，川东职工医院单位领导任书记，住地就在今天的南坪，占地 100 多亩。1980 年 8 月至 1985 年底，该院门诊病人 34.7 万多人次，收治住院病人 2.09 万多人，完成职业病体检 1.8 万多人次。

① 重庆市职业病防治医院原址（住院部）
② 重庆市职业病防治医院原址（门诊外侧）
③ 重庆市职业病防治医院原址（门诊部内侧）

第13节 松藻煤矿

松藻煤矿位于重庆市綦江县赶水区，距松藻矿务局机关 28 千米，有自备铁路和公路与川黔铁路和川黔公路连接。该局所开采的井田，南邻贵州桐梓县、北界藻渡河，跨境赶水、适中、安稳、羊角四个区乡。全矿矿井工场和职工生活区被美丽的群山和森林所环抱，风景十分秀丽。

松藻煤矿煤炭资源储量十分丰富。原设计开采的松

①

藻、同华两口矿井，均采用平洞走向开拓方式。松藻井田，北起藻渡河、南至松坎河，勘探面积 35 平方千米，工业储量 5646.5 万吨。同华井田，北以松坎河为界，南达后溪河与羊叉井田接壤，勘探面积 17 平方千米，工业储量 5474.8 万吨。

松藻煤田有两对生产矿井（一井、二井），主要开采三层煤矿（K1、K2、K3）。各煤层平均厚度为 K1 层 1.04 米，K2 层 0.66 米，K3 层 2.41 米。煤层属陡直煤类型，系颗粒和粉状的高变质无烟煤，呈半亮半暗状。原煤灰分 18.29%，发热量为 21.14 ~ 26.79 百万焦耳每千克。含硫量 3% ~ 4%。主要产品为末煤、块煤。

松藻井田（一井）于 1957 年 9 月 26 日动工建设，1958 年 8 月 1 日简易投产，设计年

① 松藻煤矿办公楼侧面
② 松藻煤矿正门
③ 松藻煤矿综合大楼

①

生产能力为 10 万吨。当时定名为“南桐矿务局松藻一矿”。1959 年 9 月更名为松藻煤矿，隶属于重庆市煤炭管理局领导。1961 年 5 月四川省组建松藻矿务局时，将江津专区所属同华煤矿、綦江县所属同兴煤矿全部予以并入。

1965 年 1 月撤销原松藻矿务局，更名为松藻煤矿。原松藻煤矿改称为松藻煤矿一井，设计能力扩建至 45 万吨／年；原同华煤矿改称为松藻煤矿二井，设计能力变更为30万吨／年；而同兴煤矿则改为松藻煤矿的一个采矿区。以后的松藻煤矿则先后隶属于南桐矿务局、松藻指挥部和四川省煤管局了。

松藻煤矿建矿的前 30 年，经过调整、扩能，矿山面貌发生了巨大的变化，且逐步将“大跃进”当中的投资规模较小的小煤矿和小煤窑，改变成了具有一定机械化水平的中型煤矿。1971 年，该矿远超设计能力 75 万吨／年，实际产煤达到了 76.19 万吨，成了重庆能源一支不可或缺的方面军。

松藻煤矿掘进 501 队，于 1982 年 10 月创全岩单孔月进 434 米的历史纪录；采煤 503 队，于 1984 年 6 月创单面镐采月产 2.35 万吨的新纪录。1983 年，松藻局筹资 1703 万元，延深二井；1984 年，国家投资 1456 万元，第

① 松藻煤矿煤炭运输装载区
② 松藻煤矿煤炭运输装载区
③ 松藻煤矿煤炭运输装载区
④ 松藻煤矿煤炭运输装载区
⑤ 松藻煤矿煤炭运输装载区

① 松藻煤矿运输系统
② 松藻煤矿运输系统
③ 松藻煤矿运输系统
④ 松藻煤矿广场
⑤ 松藻煤矿职工住宅楼

二次扩建一井。全矿设计能力达到90万吨／年（一井60万吨／年，二井30万吨／年）。

建矿以来，松藻煤矿的技术水平发生了深刻的变化。在加强生产技术基础上，从采掘第一线做起，加强现场管理，在搞好质量标准化的同时，改进了采煤工艺，完善了安全条件，改革了巷道布置，推行了沿顶板采煤，实行瓦斯抽放、煤体注入，收到了较好的效果。采煤方面，采用条带式走向长壁采煤法。K1、K2层为炮采，K3层为风镐采煤。在K2层使用高档普采机组。

掘进方面，该矿采用湿式风钻打眼，做到打眼、装矸、运输机械化。K3层全煤巷掘进，因瓦斯灾害严重，采用的是风镐掘进、人工装载。支护方面，采煤工作面采用密集支柱切顶，全部冒落法管理顶板。K1、K2层使用微增阻式金属支柱和铰接梁支护、K3层大部分使用木材支护。掘进永久大巷的支护采用金属支架、铆杆支架或砌碹。

④

⑤

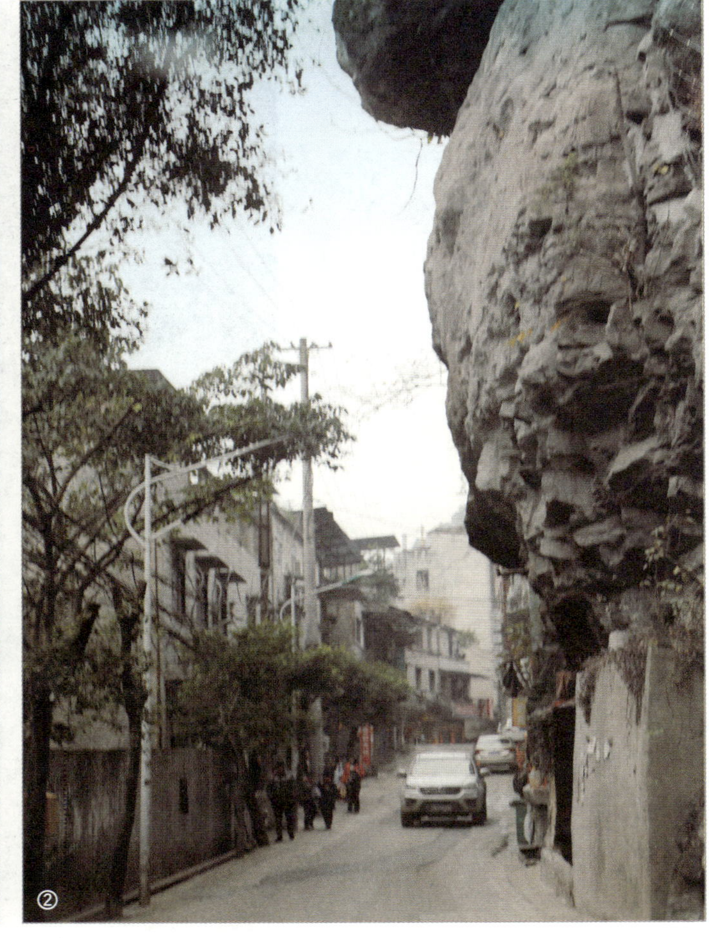

井下运输方面，采煤工作面至顺槽采用自溜、顺槽使用链板运输机、溜煤上山自溜到井下煤仓装车。中间巷道采用 2.5 吨矿用防爆蓄电池电机车运输。集中运输大巷装载使用 1 吨 U 型箱式矿车，牵引采用 8 吨、10 吨矿用特殊型蓄电池机车，尽全力防范于未然。

1984 年，松藻煤矿执行全面经济承包制，并将各项经济指标分解落实到各所属单位。一井于 1987 年完成第二次扩建后，1989 年即实现采煤 60.02 万吨，扩建效益十分明显。

1958—1990 年，松藻煤矿共生产原煤 1544.86 万吨，其中 1989 年达到了 73.27 万吨，并获重庆市政府“军民共建文明单位”荣誉称号。到 1990 年松藻煤矿拥有职工 6140 人，其中工程技术人员 171 人，管理人员 463 人。

① 松藻煤矿职工生活区
② 松藻煤矿职工生活区

第14节　打通一矿

打通一矿位于綦江县打通镇，所开采井田走向长7.5～11千米，倾斜宽2.5千米，总面积23平方千米，设计的是用斜井加立井开拓，可采和局部可采六、七、八号煤层，煤层倾角3～5度。矿井地质储量1.7亿吨，可采储量8631万吨，它是一座有煤与瓦斯突出、煤尘爆炸、自然燃烧等危险灾害的矿井。

打通一矿始建于三线建设当中的1966年3月，1970年7月1日简易投产，原设计能力60万吨/年，1990

打通一矿大门

①打通一矿办公楼
②打通一矿办公楼
③打通一矿办公楼
④打通一矿文化广场
⑤打通一矿文化广场

年10月扩建成150万吨／年。1990年末有固定资产1.41亿元，职工4118人，科室24个，基层队21个。1970—1990年，累计生产原煤1177.82万吨，掘进总进尺16.33万米。到1990年末，基本上形成以综采为主体和以储装、运输、综掘、安全监测、监控、通气相匹配的综合性生产能力。

该矿井在掌握矿压分布状况、改造原多盘区走向——长壁布置为整水平倾斜长壁布置后，巷道维护得到有效改善，并进一步减少了采区巷道工程，建立了集中生产系统。又改造原炮采小工作面为大储量综采工作面。在运煤系统上实现“一条龙”的皮带化运输，并建有井底2000吨中转煤仓。

打通一矿矿井有两个既独立又可联合的瓦斯抽放站，具有抽放效率高、安全可靠的优点。矿井以两个风井为主体而形成的通风系统，能满足年产150万吨原煤的需要。矿井采掘、机运、通风系统的合理布局，既能满足生产的需要，同时也

④

⑤

能适应矿井发展之所需。

十一届三中全会以后，打通一矿先后获重庆市“先进集体”、原煤炭部“坑木低耗矿”“一级质量标准化矿井”、原中煤总公司“质量管理先进矿”、原国家能源部“先进集体”、中煤企协“优秀企业管理奖”等荣誉称号。1988 年，被中煤企协评定为“煤炭工业二级企业”。1989 年建成我国南方唯一的“现代化矿井”。

随着生产经营的发展，该矿建设起了一支力量雄厚、吃苦耐劳、擅打硬仗的工人、技术和管理人员队伍，全矿 4118 名职工中，工程技术人员 89 人，各级管理人员 389 人。1990 年，生产原煤 103.2 万吨，产值 2248.75 万元。

2021 年 12 月 29 日，重庆三线两会组团考察调研了该矿。不少矿工饱含热泪地告诉我们：这样一座中国南方少有的综采矿井，居然被人为关了，是我们做梦都没有想得到的啊！

① 打通一矿广场
② 打通一矿职工住宅楼

第15节　金鸡岩洗选厂

金鸡岩洗选厂系我国自行设计、施工的大型动力煤洗选厂，系重庆电厂扩建工程的配套项目。由冶金部成都勘探公司初、详勘，重庆煤院设计，1982 年经煤炭部、水电部批准修建的骨干企业。1983 年 10 月由川煤十一处总包承建，因地质影响，于 1984 年 5 月正式开工，1986 年 7 月主洗车间建成试运行，同年 9 月正式投入生产。

金鸡岩洗选厂大门

①

②

③

该项目总的投资为5008.41万元，设计入洗原煤每年为105万吨，主要设备433台（套）、职工住宿2.2万平方米，固定资产原值5075.35万元，净值4333万元。该厂投产时，由于工艺不够完善，设备配套不齐，基础管理跟不上，煤泥水浓度高，机电设备事故不断，1981—1989年只完成了设计生产能力的42%～64%。

1989年，金鸡岩洗选厂投资140万元扩建过滤车间，并采取“增、降、提、节”的方法，使该企业于1990年取得了洗原煤103.06万吨，产洗精煤85万吨，盈利400.72万元的可喜成绩。自投产五年来，该厂累计洗原煤331.94万吨，产洗精煤265.95万吨，工业总产值7859.8万元，上缴利税821.15万元。

① 金鸡岩洗选厂作业区
② 金鸡岩洗选厂铁路运输
③ 金鸡岩洗选厂生产作业区
④ 金鸡岩洗选厂运输系统
⑤ 金鸡岩洗选厂生产系统

第16节 渝阳煤矿

渝阳煤矿原名“打通二矿”，1966年4月破土动工，1971年10月1日简易投产，原设计能力为45万吨／年，1990年开始按年产45万～90万吨方向扩建。该矿地处綦江的安稳、羊叉乡之间，矿本部距松藻矿务局14.9千米，矿区公路从阳地湾向安稳乡与川黔公路相连，矿区专用铁路在井田西沿金鸡岩通过，与打通一矿共用储装、洗选系统。

①

由于是简易投产，该矿生产系统不够健全，设备能力也有些不足，且技术装备较差，生活设施也不完全配套，自投产到 1982 年，平均年产原煤只有 23 万吨。1982 年企业整顿后，该矿积极开展社会主义劳动竞赛，落实经济责任制，依靠科学进步，着力挖掘内部潜力，坚持两个文明一起抓，终使经济实力、技术装备有了一定的发展。

该矿开采的大坪子井田，属高至中灰和高硫无烟煤，为高沼气煤与瓦斯突出矿井。矿井储量丰富，地质结构简单，含煤 7 层，有 4 层可采和局部可采。可采煤层平均厚度：七号层 0.85 米，八号层 2.36 米；局部可采的六号层厚度 0.85 米，十一号层 0.66 米，属近水平缓倾斜煤层，煤层倾角为北西翼 5 ~ 12 度，北东翼 10 ~ 36 度。

渝阳煤矿自投产至 1986 年，平均万吨掘进为 207.43 米，

① 渝阳煤矿大门
② 渝阳煤矿办公区
③ 渝阳煤矿办公大楼

①

②

生产上的补欠任务基本能够完成。到1990年底为止，矿井右开拓煤量454.74万吨，可采8.75年；保护煤量221.77万吨，可采4.27年，准备煤量176.98万吨，可采3～4年，回采煤量71.3万吨，可采17.1个月。

1986年前后，该矿开展了老矿瓦斯抽放和矿压观测，运用了量本利分析，ABC管理，追踪管理，切块管理等现代化管理手段，提高了决策质量。随着对企业经营管理的强化，使企业的安全状况明显好转，百万吨死亡率由1979—1985年的0.72%吨／工，提高到了1990年的0.88吨／工。

1983年，该矿首次超过矿井的设计生产能力，1990年达到60.96万吨。1971—1990年生产原煤663.24万吨。1985—1990年先后获煤炭部“煤灰工业先进集体”“端正党风先进单位”“煤炭管理先进矿”、中煤总公司“质量标准化矿井”、重庆市“文明单位”等荣誉，并于1989年建成“煤炭工业省级先进企业”。

① 渝阳煤矿大门宣传栏
② 渝阳煤矿矿工澡堂
③ 渝阳煤矿生活区
④ 渝阳煤矿职工住宅楼
⑤ 渝阳煤矿生活区

第17节 石壕煤矿

石壕煤矿坐落于綦江县石壕区境内，矿区距矿务局机关5千米，川黔公路支线纵贯井田，其中工业广场位于白岩，与逢春矿共用，有准轨专用铁路正线到赶水站接轨，交通条件十分方便。该矿开采井田含煤十余层，其中八号煤层全井田可采，六、七、十一、十二号煤层局部可采，煤层倾角3～7度。属高至中灰和高硫无烟煤。

该矿原设计开采方式为走向长壁，采区前进，区内后退。开采顺序为：由上而下（即六、七、八号的程序）。

①

六、七号煤层为联合布置，走向长壁对拉采面。BM-100 型普机莱式炮采由金属摩擦支柱、铰接顶梁支撑采场，采用全部冒落法管理顶板。顺槽分别用 SGW-620/80t、SGW-620/80β、SGW-44A、SGT-800 吊挂胶带运输。

八号井层为走向长壁单面布置，采用 MLS3-170 双滚筒采煤机组勘煤；采面用 SGWD-180 可弯曲刮板运输机，顺槽用 ZGD-75 转载机，SD-80 型可伸缩胶带运至分段煤仓；大巷用 3 吨底卸式矿车，蓄电池机车运输；采面用国产 QY200-14/31 经济型液压支架支撑顶板。

石壕煤矿实行矿、队两级管理，矿以下设 31 个职能科室、4 个采煤队、5 个掘进队、6 个辅助队、1 所医院。自从实行矿长负责制后，发扬“艰苦创业、奋发图强、开拓前进、振兴石壕”的企业精神，广泛开展“抓管理，

① 石壕煤矿大门
② 石壕煤矿办公楼
③ 石壕煤矿竖井

上等级、全面提高企业素质”工作，层层落实承包责任制。

该矿设计生产能力为年产 90 万吨，用斜井加立井开拓。1970 年 12 月破土动工，1972 年停建，1978 年恢复建设，1982 年 12 月 28 日竣工投产。1983 年生产原煤 7.39 万吨，全员工效 0.129 吨／工。企业坑木消耗 354.4 立方米／万吨。百万吨死亡率为 13.54，企业亏损 980.7 万元。

1989 年，石壕煤矿年采原煤 90.01 万吨，首次达到矿井设计能力，且百万吨死亡率为“0”。1983–1990 年累计生产原煤 382.24 万吨。

1986 年度获重煤公司“思想政治工作先进集体”。1989 年度被中煤总公司命名为“一级质量标准化矿井”，被中煤企协命名为“煤炭工业二级企业”，被重庆市政府命名为“环境优美工厂”，1990 年度获重庆市“文明单位”荣誉称号。

① 石壕煤矿生活区
② 石壕煤矿矿工食堂
③ 石壕煤矿单工宿舍
④ 石壕煤矿职工住宅楼

第18节 逢春煤矿

逢春煤矿位于綦江县石壕区羊叉乡境内，井田集中于西河口向斜东翼。矿本部距矿务局机关 11.3 千米，井田走向长 8.5 千米，东西宽 1.8 千米，面积 15.3 平方千米。煤层倾角由浅部向深部逐渐变大，第一水平为急倾斜，倾角 55 ~ 75 度。可采煤层为六、七、八号煤层，其中六、七号煤层厚度 1 米左右,局部可采。八号层厚度 2.5 ~ 3.0 米，全部可采。煤炭品种均为高质变的无烟煤。现已探明工业储量为 8747.31 万吨、可采储量 6123.12 万吨。矿井

①

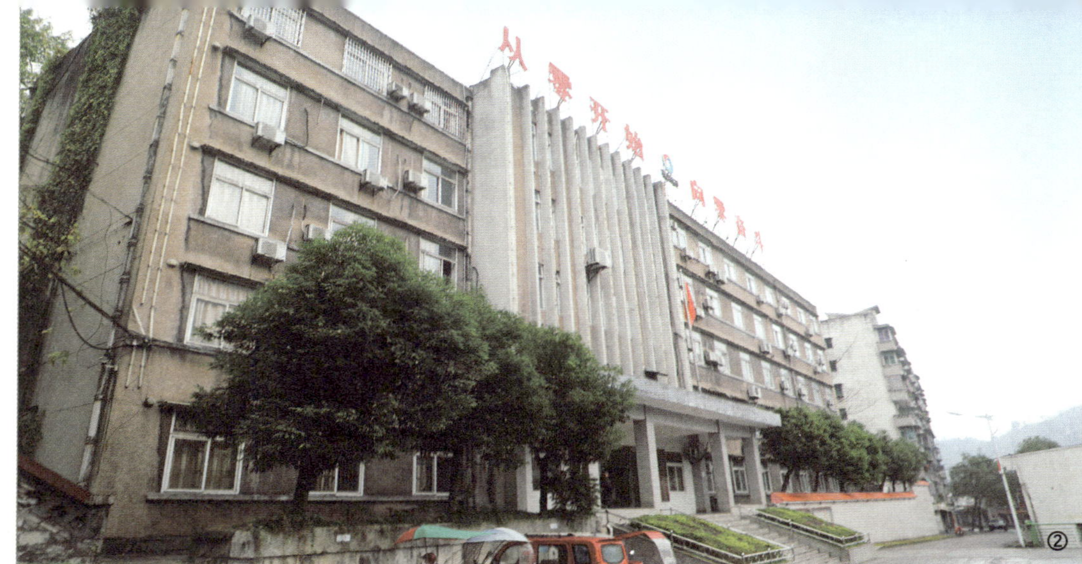

① 逢春煤矿大门
② 逢春煤矿办公楼
③ 逢春煤矿运输带
④ 逢春煤矿生产区

①

②

① 逢春煤矿风情录
② 逢春煤矿生活区职工住宅楼
③ 逢春煤矿生活区
④ 逢春煤矿生活区
⑤ 逢春煤矿生活区

③

④

⑤

属高沼气，有煤与瓦斯突出矿井，且八号煤层有煤层爆炸和自燃的发生倾向；相对来讲，其开采的危险性比较高。

逢春煤矿设计生产能力为每年30万吨，用多平峒开拓，由重庆煤设院设计，川煤九、十一工程处承建。1983年1月1日破土动工，1986年10月投产。后因市场变化，煤炭滞销，到1988年7月才正式生产。工业广场设于白岩，与石壕煤矿共用。专用铁路直通赶水站与川黔铁路接轨，矿区公路对接川黔公路。

该矿实行矿长负责制，矿长下设总工程师和生产、经营、安全、生活4位副矿长。采取矿、科（区）、队三级管理形式，设有生产技术等20个行政科室和6个政工科室、3个采煤队、4个掘进队、1个机电队、1个运输队。通气区管理通风队、防尘队、钻探队；供应科管理供应队，汽车队。

该矿注重不断的技术革新工作，在原来设计的倒台阶采煤的基础上，改6号层为“俯伪斜分段密集放炮落煤”，八号层为“掩护式支架采煤”。1990年末，该矿拥有职工1767人，固定资产6514.5万元，1990年采煤11.35万元。1987—1990年三年累计采煤23.39万吨。

第19节 松藻煤矿机修总厂

松藻煤矿机修总厂的前身是重庆煤矿技工学校，1970年从重庆上桥迁至打通。该厂于1970年开始兴建，1974年简易投产。全厂占地面积8.8万平方米。1990年，形成金工、机修、锻铆焊、铸造、矿修5个生产车间，1个锅炉检修队；有机电设备368台，有职工630人，固定资产原值1174万元，净值768万元。

该厂1978年与重庆煤研所合作，研制成功适用于煤厚0.88～1.32米，煤层倾角在9度以下的HB4-160型

①

①松藻煤矿机修总厂大门
②松藻煤矿机修总厂生产区
③松藻煤矿机修总厂生产区
④松藻煤矿机修总厂生产车间
⑤松藻煤矿机修总厂烟囱

双伸缩垛式自移式锻压支架，是国内先进的综采设备。1980年经煤炭部技术鉴定，各项技术指标均达到了设计要求，被列为煤炭部综采设备目录，填补了矿区薄煤层液压支架的一个空白。

1981年机修产量1641吨，工业总产值182万元，利润2.09万元；1990年分别提高到671万元和25.92万元。

1978年被四川省委“省革委”命名为“大庆式企业”，1980年获重庆市“先进单位”，1986年获原煤炭部“一级生产厂”，次年获“二级质量标准化企业”。

① 松藻煤矿机修总厂生产车间内景
② 松藻煤矿机修总厂生产车间外景

第20节　川煤九处

川煤九处，原名煤炭部五十六工程处，成立于1966年2月24日，后随经济体制改革划归松藻矿务局领导。该处是一个以矿建为主，兼攻土建、机电安装的综合性独立核算企业。1989年11月，经国家建设部批准，为一级施工企业。1990年拥有职工2410人，固定资产原值1630万元，净值1137.1万元。

川煤九处企业内部实行处、区、队三级管理、两级核算的管理体制。处下设3个井建工区（12个掘进队、3个

川煤九处遗址

①

②

③

井建运输队），1个土建队，3个机电安装队和1个汽车队。1990年分布在山西晋城矿务局戍庄矿、山西太原长沟矿、陕西韩城矿务局象山矿、云南羊场煤矿和松藻矿务局等地施工作业。

该处自成立以来，累计完成产值2.13亿元，掘进成巷9.82万米，竣工房屋20.47万平方米。其中松藻矿务局的打通一矿、石壕煤矿、逢春煤矿以及云南田坝煤矿、山西马兰矿井、山西戍庄矿井等，都是该处的代表作。

1981年，该处获得煤炭部“立井施工第一名”“平巷施工优胜奖”“斜巷施工优胜奖”荣誉称号。

① 川煤九处遗址
② 川煤九处遗址
③ 川煤九处设备
④ 川煤九处设备
⑤ 川煤九处存储设备

第21节　藻渡煤矿

藻渡煤矿位于綦江县赶水镇藻渡乡，距川黔线岔滩火车站12.7千米，距赶水站19.7千米，距重庆152千米。藻渡河流经矿区，可通航4～6吨铁壳船直达赶水，交通十分方便。藻渡煤矿始建于1956年。1990年，在册职工610人，有固定资产445万元，核定生产能力6万吨／年，实际产煤9.82万吨。

①

藻渡煤矿采用走向平硐开拓，含煤岩系上叠系龙潭组，属高沼气矿井，有煤与瓦斯突出危险。井田面积 1.6 平方千米；煤层总厚度 4.17 米，其中 K1 煤层 1 米，K2 煤层 0.5 米、K3 煤层 2.67 米；煤质为中灰、中硫、高发热量无烟煤。1990 年，保有地质储备 1268 万吨。

1990 年，中国地方煤矿总公司批准藻渡煤矿由 6 万吨／年，改扩建为 21 万吨／年（其中新建斜井一对，能力 15 万吨／年，平硐水平仍维持 6 万吨／年）；总投资 2900 万元。其中，矿区至岔滩公路扩建改建工程，投资 600 万元。

藻渡煤矿建矿初期采用人工手锤打眼放炮、残柱式开采、手镐落煤、人工装运。1968 年后，采用风钻打眼和光面爆矿。1974 年，改用走向长壁采煤法，中厚煤层 K3 采用风镐落煤，人

① 藻渡煤矿办公楼正门
② 藻渡煤矿生产作业区遗址
③ 藻渡煤矿生产作业区遗址

工回柱放顶；薄煤层K1、K2使用放炮落煤，局部垮落，充填采空区。1975年起，集中运输大巷采用蓄电瓶机车运输，材料运输上山采用绞车提升。

同年，该矿开采解放层，井下瓦斯实行地面遥测监控管理。1983年，中厚煤层工作面运输采用刮板运输机运输。1984年，K3煤层改用金属摩擦支柱支护，采区下煤炭系统采用搪瓷溜槽自溜。

藻渡煤矿有职工住宅7368平方米，设有职工俱乐部和灯光球场，装有卫星电视地面接收站和闭路电视系统。该矿生产的原煤、块煤，采用汽车运至川黔岔滩火车站或铁壳船运至赶水火车站装车外运，主要销售于綦江、重庆、成都、广东、广西等地和珞璜电厂、重庆发电厂。1981—1990年，累计生产原煤87万吨，累计工业总产值1806万元。

① 藻渡煤矿生活区
② 藻渡煤矿职工住宅楼

第22节　盖石峒水力发电厂

盖石峒水力发电厂位于綦江县盖石场北面一千米处的綦江中游盖石峒闸坝处。该水电站是利用抗战时期已建成的大信闸坝，在原闸坝上面加高 1.18 米，为低坝引水式电站，装机 3×1250 千瓦。在坝左端建有 381.5 米长的引水渠，尾水经隧洞注入下游河道。

大信闸坝的修建，是民国抗战时期綦江渠化工程的一

盖石峒水力发电厂大门

①

②

个组成部分。

1937年抗战全面爆发后，负责治理淮河的导淮委员会西迁重庆。导淮委员会由蒋介石兼任委员长、陈果夫任副委员长，为当时全国最大的水利机构。

1938年，淮河流域全部沦陷，导淮业务停顿。为了避免在导淮委员会服务的专业水利技术人员逃离星散，陈果夫向蒋介石建议，仍然保存导淮委员会的机构设置，将后方的一些水利工程，如綦江渠化工程、乌江工程以及赤水河工程等，交予该机构办理，使得这批水利技术人员不仅借此增进水利工程的实际经验，寓训练于工作之中，还可为国家培植水利建设人才。计划决定后，即与扬子江水利委员会商定，由导淮委员会在綦江施以渠化工程，兴建闸坝，作为水道渠化的示范工程。

綦江也称綦河，发源于贵州省桐梓县花坝火盆洞，全长231.3千米，于江津江口汇入长江。船只运输以赶水为起点，赶水段至盖石，河床狭窄，坡度陡峭，赶水至綦江县城落差为76米。全河大小险滩100余处，礁石星罗棋布，行船极其危险，为川江各流域中运输最为困难的河道。支流蒲河，河道曲折狭窄，水源更涩，冬季水枯，或竟断流。而綦江及蒲河上游，铁煤产量丰富，尤赖水运畅通，以利运输。

1938年4月，导淮委员会的水利人员对綦江的水文、险滩进行了全面的调查，成立綦江工程司，负责綦江渠化工程。并在赶水、三江、綦江、五岔等地设置水文站、水位站等。在调查勘测的基础上，确定了綦河整治分为“初步治理工程”和“渠化綦河工程”两期进行，同时整治险滩。

一期工程即在綦河支流蒲河的石板滩、大场滩、桃花滩各建闸坝一座，在綦河主干流

① 盖石峒水力发电厂环境
② 盖石峒水力发电厂办公楼
③ 盖石峒水力发电厂大坝
④ 盖石峒水力发电厂发动机房

的盖石峒、羊蹄峒二处各建闸坝一座。五座坝的名称，陈果夫将其分别命名为“大勇”“大仁”“大智”“大信”“大严”。五座闸坝完工后，陈果夫都分别亲撰碑文，以纪其事。有《大智船闸碑记》载：“蒲河三闸坝以大智（石板滩）、大仁（大场滩）、大勇（桃花滩）为名，綦河两闸坝，以大信（盖石峒）、大严（羊蹄峒）为名，则因兴建于抗战建国之时，所以荣仰前方将士之武德也。”

抗战胜利后，随着国民政府还都南京，政治中心、经济中心迁离陪都重庆，重庆城区的煤铁使用量急剧消减，綦江的水运也随之衰落，五座闸坝逐渐被荒废。

随着三线建设的深入，綦江的能源供需矛盾凸显出来，水力发电被提上议事日程，于是盖石峒水力发电厂于1978年2月动工，1979年9月、1980年5月至10月先后安装1、2、3号机组，于1980年底投入运行。

盖石峒水力发电厂电站至桥河建有长18.9千米的35千伏输电线路并入国家电网。电厂总投资为539.17万元，到1985年底，累计完成发电量为1亿多千瓦时，实现利润201万元。

2021年12月30日，重庆三线两会组团来到了盖石峒水力发电厂，看到大坝四边的风景非常漂亮，若把它好好地统筹规划一下，把第一产业的种植业搞成特色农业，第二产业发电可以长盛不衰，再把第三产业的养老和旅游结合到一起，好好运作一下，是綦江难得的一个田园综合体小镇也。

① 盖石峒水力发电厂职工住宅楼
② 盖石峒水力发电厂职工住宅楼

第23节　重庆铝厂

重庆铝厂的前身是坐落在重庆江北县冉家坝的重庆炼铝厂，它始建于1958年11月，投产于1960年5月。由于铝氧粉、冰晶石等原材料无法满足生产条件，于1962年6月，停产下马。三线建设开始后的1966年，国家决定于綦江县城的老鸦沟易地重新建设铝厂，并于1967年成立了重庆铝厂筹备组。

1973年，第一期工程竣工，年产铝锭设计能力为3500吨。但由于“文革”及管理等方面的影响，在

重庆铝厂现大门

①

②

③

1978年之前，六年时间只生产了电解铝锭4555吨，钢芯铝绞线126吨，完成工业总产值1249.3万元，共计亏损681万元。

改革开放后，该厂进行了一系列整顿，使生产情况迅速好转。1980年，吨铝综合耗电降至1.9万度，首次实现利润35.8万元。

1985年，工厂占地5.9万平方米，建筑面积3.2万平方米，国家累计投资为1274.6万元，拥有职工671人，固定资产原值1224.1万元。全年共生产铝锭3.727吨，铸造硅铝合金635吨，钢芯铝绞线1347吨，完成工业生产总值1382万元，实现利润271.59万元。

① 重庆铝厂大门原址
② 重庆铝厂生产车间一角
③ 重庆铝厂运输带
④ 重庆铝厂新建工区
⑤ 重庆铝厂生产区总览

第24节　电建二公司

电建二公司的全称是“西南电业管理局电力建设二公司”，坐落在綦江县城东西的綦隆公路旁。其前身是四川省水利电力厅火电一处，它成立于1958年10月，1959年10月改名为四川省水利电力厅安装公司第三工程队，后再经若干次更名，于1983年10月才改为现名。

电建二公司主要是承担火力发电厂全套设备安装调试

①

的电力建设施工企业。自成立以来，先后承担了成都热电厂、汉旺电厂、大溪沟电厂、白马电厂、贵州凯里电厂、遵义电厂、大方电厂、翁安电厂、东方汽轮机厂、渡口新庆电厂、蓬莱盐厂、宁夏石嘴山电厂、渡口河门口电厂的安装调试工程。

从建司到1985年，电建二公司主要完成了包括綦江县变电站在内的110千伏到220千伏变电站的土建和安装任务，累计完成建安工作全额指标7952.6万元。1958年，公司职工只有1232人，1970年增至3377人，1985年调整为1400人。1985年共有办公楼和职工住舍27幢，建筑面积为26719平方米。

① 电建二公司原址
② 电建二公司住宅楼
③ 电建二公司住宅楼

第25节　成铁一公司

成铁一公司的全称为“成都铁路局工程总公司第一工程公司”，原名成铁一段，1961 年 10 月建立，地址设在綦江火车站。时由原第七工程处的 8 个工程队组成，员工 3700 多人。后经调整压缩，至 1963 年底，下属 6 个工程队，员工 1180 人。接着，因三线建设需要，人员增加到 1965 年底的 5398 人。

①

① 成铁一公司原址
② 成铁一公司项目
③ 成铁一公司远眺
④ 成铁一公司铁道

成铁一公司全景图

成铁一段建段以前，主要承担成渝线，宝成线部分区段新建铁路的施工任务。1961年成铁一公司建立到1980年，主要承接了成渝电气化技术改造工程，襄渝线中梁山隧道3984米整体道床施工，川黔线K71改线的双佛大桥等工程。

除此之外，该公司还承担了伏牛溪危险品仓库（隧道）专用线工程，以及重庆上桥粮食专用线、上桥商业库专用线、重庆发电厂扩建工程、汶川草坡电站工程等。2021年12月28日，重庆三线两会组团专程去该公司考察调研，该公司的退休老职工告诉我们："三线建设当中，我们是一支特别能吃苦、特别能战斗的队伍。"

第26节　綦江织布厂

綦江的织布业始于清代末期，部分乡民自制木织机，织土纱布。清末民初，机制棉纱大批进入綦江市场后，更促进了织布业的发展。民国二十八年（1939 年），全县已有织布业 1700 多家，从业人员 4608 人，年产布 8 万匹。抗战后期，因棉纱输入困难，织布业减为 200 多家。

解放初期，传统的綦江织布业有所复苏，1956 年，

綦江织布厂原址

当地政府出面，将部分手工织布者组成了城关镇棉织供销生产合作社，时有会员 75 人。1958 年，城关镇棉织社、染整社、丝绵线组、桥河乡棉织组合并，转为地方国营綦江县染织厂，时有职工 202 人。这就是綦江织布厂的前身。

1985 年，綦江织布厂共有职工 393 人，固定资产原值 137.3 万元，流动资金 62.6 万元；厂区占地面积 6540 平方米，建筑面积 5480 平方米；主要生产大贡呢布、劳动布、床单布、蚊帐布等产品。1985 年共生产各种布料 153 万米，完成工业总产值 213.6 万元。

① 綦江织布厂原址
② 綦江织布厂原址

第27节 綦江化肥厂

1966 年，四川省计委和四川省化工厅批准綦江在“转关口”修建一座化肥厂。因受“文化大革命”的影响，迟至 1967 年始方才成立綦江氮肥厂筹备处，1969 年才开始动工，当年建成年产 5000 吨的磷肥车间。1972 年建成以天然气为原料、年产合成氨 5000 吨的氮肥车间。1975 年，綦江氮肥厂更名为“綦江化肥厂”。

綦江化肥厂大门

①

②

③

④

1978 年，扩建磷肥车间，使其年产能力提高到 2 万吨。1979 年，又建成年产各 1 万吨的硫酸车间和硝铵车间（硝铵车间因亏本的补贴问题未得到解决而实际上未能投产）。同年完成了对合成氨车间的改造，年产合成氨由 5000 吨提高到 1.5 万吨，省、市、县先后共投资綦江化肥厂为 1039 万元。

1985 年，该厂占地面积为 167780 平方米，建筑面积 35574 平方米，全厂共有职工 867 人，固定资产原值 1521.2 万元，流动资金 464.3 万元。全年生产合成氨 11043 吨，碳铵 43157 吨，硫酸 1512 吨，磷肥 4295 吨，完成工业总产值 710993 元，实现利润 35.65 万元。

① 綦江化肥厂办公楼正面
② 綦江化肥厂办公楼侧面
③ 綦江化肥厂生产车间
④ 綦江化肥厂生产车间
⑤ 綦江化肥厂生产车间
⑥ 綦江化肥厂存储罐

第28节　綦江造纸厂

綦江造纸厂坐落在綦江古南镇以北的沙溪口，距县城1.5千米，川黔铁路傍厂而过。其前身是公私合营的綦江县隆盛纸厂。该厂1967年2月迁至沙溪口，更名为东风纸厂。从当月破土动工修建厂房，到1969年竣工验收，国家共投资了148万元。

该厂在三线建设初始期，属重庆市第一轻工局文教美术公司领导，后又转为重庆市第一轻工局印刷工业公司领导。1970年10月转址扩能后，以綦江等沿县盛产的麦草

①

为主要原料，日产凸版纸 5 ~ 7 吨。1979 年 8 月起，綦江造纸厂又划归了重庆市第一轻工业局造纸工业公司领导。

1985 年，该厂占地 6.6 万平方米，建筑面积 1.7 万平方米，全厂共有职工 473 人，固定资产原值 447.2 万元，年综合生产能力达 5000 吨。当年完成工业总产值 596.26 万元，上缴税利 124 万元。

从 1970 年投产至 1985 年，累计生产凸版纸、书写纸、瓦楞原纸、火柴梗纸、包装纸共 38571 吨。

① 綦江造纸厂生产区遗址
② 綦江造纸厂生活区遗址
③ 綦江造纸厂生活区遗址
④ 綦江造纸厂生活区遗址

②

③

④

第29节 重庆火柴厂

重庆火柴厂位于綦江县古南镇的新街子，川黔铁路傍厂而过。

重庆火柴厂是在綦江县火柴厂的基础上，合并其他几家火柴厂组建而成的地方国营企业。

綦江县火柴厂的前身是私营重华火柴厂，创立于民国三十四年（1945 年），原址在江北三洞桥的金厂沟，民国三十七年（1948 年）迁来綦江，并更名为綦江县火柴厂。

初创时，该厂只有 40 余名工人，资金约 3 万元法币，主要生产“玉桃牌”硫化磷火柴。解放后的 1952 年，更名为綦江火柴厂。1956 年 3 月被批准为地方国营綦江县

①

火柴厂，时有职工 120 人，固定资产 7 万元。1959 年 12 月，迁至双龙公社母家湾，1961 年迁马家坡，1963 年才迁往古南镇的新街子。

三线建设开始后，其主管局重庆市第一轻工业局将巴县第一火柴厂、巴县第二火柴厂、长寿县火柴厂并入綦江县火柴厂，更名为重庆火柴厂。

1965 年和 1966 年，国家投资 90 万元，新建厂房 1236 平方米，购置排梗机 12 台，使重庆火柴厂成了一个具有 60 年代先进水平的半机械化火柴生产企业。

1985 年，该厂占地面积 3.4 万平方米，建筑面积 2.4 万平方米，拥有职工 563 人，固定资产原值 259.3 万元，全年共生产火柴 14.7 万件，完成工业总产值 432 万元，实现利润 25.1 万元。

① 重庆火柴厂原址
② 重庆火柴厂原址
③ 重庆火柴厂原址
④ 重庆火柴厂原址

巴山蜀水
三线建设

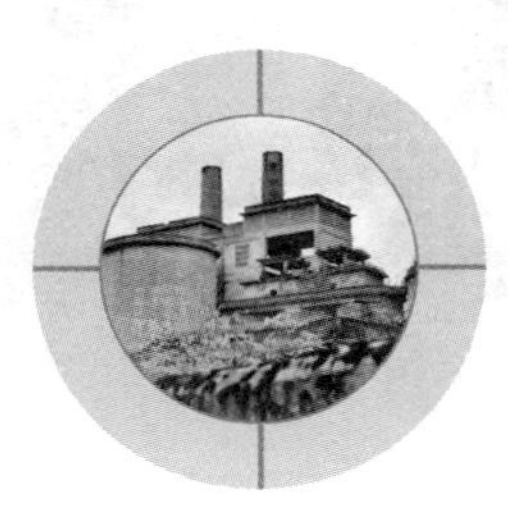

重庆市巴县企事业单位

重庆古称巴国，其首府曰巴县衙门，它系三级衙门——川东道、重庆府、巴县所在地，且巴县非常有名，抗战时期迁入现在的巴南境内。

提起巴县三线资源，有三个节点我是忘却不得的：

第一个是石油沟找气找油大会战。石油部倾注了很大心血，调集全国的力量在包括巴县在内的全域地毯式找油找气，铺设管网。后来定点一品化工厂，建设了全国最有影响的润滑油研发基地，至今发挥着很好的社会和经济效益。

第二个是明月沱的重庆造船厂。那可是六机部的潜猎艇生产基地，该厂未能与时俱进，转入研发小型快艇，最后被川东造船厂兼并，主产钢结构去了。

第三个是大江厂。也没有那么幸运，兵工部下了那么大的决心，把几家炮厂放在巴县最核心的位置，居然没有形成自己本来应该有的“拳头产业”，从奥拓到羚羊，再到面临再一次创业的悲哀和挣扎。

巴县的三线建设遗存，给大家带来很多思考，如何利用这些红色资源为下一个百年建设服务，并把它融入美丽乡村振兴，这是摆在我们面前的一个新的课题。

第01节　西南铝加工厂

西南铝加工厂是三线建设时期我国自行设计，自己制造设备，自己负责安装起来的一座大型铝镁钛材料加工厂，是中国有色金属工业总公司所属大型骨干企业。该厂位于重庆市巴县西彭，濒临长江，占地面积169.8万平方米，建筑面积47万平方米，其中工业建筑25.2万平方米。

西南铝加工厂主要生产高纯铝、工业纯铝、防锈铝、硬铝、超硬铝、锻铝、特殊铝等各种牌号、各种规格的板、管、棒、型、线、带、自由锻件、模锻件等各种铝加工产品，

①

②

③

④

⑤

以及钛合金、高温合金模锻件。该厂生产的产品满足航空、航天、国防、电力、船舶、交通、仪表、通信、化工、机械、建筑、轻工等各行各业的生产和发展所需。

西南铝加工厂的前身是西北铝镁钛加工厂。为弥补第一个五年计划建设的哈尔滨东北轻金属加工厂铝材规格偏小，镁材、钛材基本不能生产的不足，在第二个五年计划内，国家统筹安排了建设年产量为 10 万吨的西北铝镁钛加工厂，主要是为军

① 西铝厂大门
② 三线建设时期的西铝概况
③ 三线建设时期的西铝概况
④ 三线建设时期的西铝概况
⑤ 三线建设时期的西铝概况
（2–5 图由西铝厂宣传部供稿）

①

重庆市历史建筑

Heritage Architecture Chongqing

编号：2020014

西铝三分厂电影院

Cinema of No.3 branch of West Aluminum Corporation

建筑修建于1981年，为单层砖混结构，是典型的观演建筑。建筑正立面为矩形，虚实对比强烈，采用水刷石饰面，造型大方，建筑侧立面和背立面为清水砖墙，属于社会主义建设时期风貌，具有一定的建筑科学艺术价值和一定的社会文化价值。

重庆市人民政府

二〇二〇年七月

②

工服务，产品规格须满足杜 16 和图 104 等苏式大型飞机的要求，并委托苏联设计和提供成套设备。

该计划列入了 1959 年中苏两国政府签订的 27 项协定中，于 1959 年 2 月 7 日两国正式签订协议。厂址经国家计委组织的新上大型项目区域选择，初选定在兰州到西宁的铁路线上的“红古城”，厂名定为甘兰铝镁钛加工厂，并正式成立了甘兰铝镁钛加工厂筹建组，开展了具体的筹建工作。

1959 年 6 月，苏联政府违背两国关于国防新技术协定，拒绝向中国提供原子弹样品和技术资料。

1960 年初，中央决定成立由国家科委、国家计委、三机部、一机部、冶金部各出一名领导组成的领导小组，抓甘兰铝镁钛加工厂这个项目和另外几个与国防工业配套的项目建设。同年 4 月，冶金部向北京有色设计总院下达了自行开展设计的任务。

1960 年 6 月，在布加勒斯

特会议上中国拒绝向苏联屈服，苏联即于7月16日照会中国，决定全部召回在华工作的1390名苏联专家，废除两国经济技术合作等方面的600余个合同、合作项目，并停止供应中国建设急需的重要设备。

经过一段时间的工作，北京有色设计总院提出了一套方案，主要设备是1台辊长2800毫米四重可逆式热轧机，1台辊长2800毫米四重可逆式冷轧机、1台12500吨卧式挤压机，1台立式30000吨模锻水压机等四套大型设备作主机的设计方案，后经多次修改，将一期工程定格在了中板材、挤压材、模压材共计60000吨的规模上。

初选的“红古城”厂址，经过进一步勘察，发现有很多很大的淘沙洞，施工要增加很多费用，经冶金部党委讨论，决定向国家计委提出另选厂址。

1962年10月，国家计委

① 三线建设时期的电影院
② 电影院成为重庆市历史建筑
③ 三线时代的西铝家属院
④ 三线时代的西铝家属院

①

②

③

① 三线时代的西铝生产区
② 三线时代的西铝风情
③ 三线时代的西家属院一瞥
④ 现代化的西铝厂综合楼
⑤ 现代化的西铝厂产品展示厅

同意到陕西、四川、贵州三省另选厂址，于是先后筛选了西安市附近的三源县、四川省的绵竹县和峨眉县等40余处地址，最后确定选在了重庆市巴县的西彭。

1964年，全国性的三线建设开始后，根据三线企业“靠山、分散、隐蔽、进洞”的相关要求，该厂的建设又进行了大规模的调整和优化。由于“文化大革命”的影响和破坏，1970年西南铝加工厂才得以陆续完工，直到1973年，一期工程才得以全部建成，并形成24500吨的生产能力，其中板材20000吨，挤压材2000吨，模压材2500吨。

截至1983年底，西南铝加工厂建成了熔铸分厂、压延分厂、铸造分厂和挤压分厂等4个分厂；辅助生产单位有机修分厂、动力分厂、运输公司、大修分厂、计控车间、深度加工车间、综合车间、制箱车间。全厂累计投资5.25亿元，形成固定资产4.76亿元，年生产能力32969吨，产值17905万元，利润1702万元的生产能力，时

有职工 7871 人。

1990 年，西南铝加工厂开始实施大规模的改造扩建。1992 年 11 月 20 日，特薄板生产线投入生产，填补了我国高精度、高性能特薄铝板带产品的空白，标志着我国有色金属原材料工业发展进入一个新的时期。1998 年 4 月 27 日，西南铝加工厂锻造分厂研制成功首批地铁和高速列车车厢用大型铝合金型材。

2000 年 12 月 18 日，西南铝业（集团）有限责任公司成立，建立了现代企业制度。同年，产量突破10万吨，达11.6万吨，销售收入 21 亿元，实现历史性突破。经过 50 年的建设和发展，西南铝业已成为综合性特大型铝业加工企业，中国航空航天铝材保障基地、中国高精铝板带箔生产基地、中国铝材出口加工基地。

① 现代化的西铝厂综合楼
② 西铝文化展示墙

第02节 大江厂

坐落于重庆市巴南区鱼洞镇的大江工业集团，占地面积 4 平方千米，总资产为 30 亿元。这里曾经是最轻便、最省油、最经摔打的中国第一代出租车的摇篮——从这里开出来的“奥拓”“羚羊”虽然不是十分美丽，但它却特别可爱。因为它的身影永远留在重庆、成都等大中城市的大街小巷之中，留在我们这一代人脑海的深处。

1964—1980 年的“三线建设”时期，我只吃过两次饱饭。一次是 1967 年的一个中午，父亲做手术，没有时

大江厂生产区一角

① 大江厂生产加工区
② 大江厂生产加工区
③ 大江厂生产加工区
④ 大江厂生产加工区
⑤ 大江厂生产加工区

间下得了手术台，他从二楼手术室的窗台拉长喉咙喊道："钟班长，给我老大炒一个蛋炒饭。"那位钟班长选了一个最大的双黄蛋，加足了猪油和葱花，香了我一辈子。再一次饱饭就是粉碎"四人帮"时，1976 年我在万盛分校吃的"团结饭"，杀了 3 条猪，我记得最小的一头还不到 100 斤。在共和国最困难的时候，党和国家省吃俭用为这九家常规武器装备企业投下去十来个亿，我不知道是什么缘由，它们居然被脱险搬了个迁？

"脱险搬迁"后留下来的原双溪机械厂，整合资源后，原 4 平方千米的土地上留下来的"三线资产"，如何让它们"活起来"，如何让它们更好地发挥社会效益和经济作用，成了大家推心置腹、献计献策最集中的话题。通过考察调研，大家一致认为，整合之后的大江工业技术及装备资源，长板明显，交通便利，且独具区域地理优势，三线文化历史厚重，有利于结合田园综合体建设"军工

④

⑤

① 大江厂生产车间
② 大江厂生产车间
③ 大江厂生产车间
④ 大江厂生产车间
⑤ 大江厂生产车间
⑥ 大江厂生产车间

④

⑤

⑥

城”。大江工业集团将不忘初心，励志前行。

“建设成渝双城经济圈，是党中央赋予的重大责任和历史使命。大江工业集团须聚焦新的战略定位，继续发扬三线精神，主动占位，主动参与，主动作为，携手打造大江科创城，努力在十四五中再铸新的辉煌。”三线重庆两会一整天的考察调研下来，原双溪机械厂厂长、大江厂首任现场罗继科指挥长盛情地邀请大家：春节前到我家包饺子，我们共同努力把成渝三线文化包进去，让它重新鲜活起来。

① 2022年春节，重庆三线两会拜年大江厂—沟通交流
② 2022年春节，重庆三线两会拜年大江厂—语重心长
③ 2022年春节，重庆三线两会拜年大江厂—合影留念

第03节　重庆造船厂

2021年5月份以来，我与江津的资深"军二代"、潜心研究三线建设的专家何民权先生见过一次面，通过若干次电话。他告诉我，其父亲是大连造船厂的骨干；他从小随父亲不远千里来重庆支援大三线建设，一干就是整整50年。大连造船厂响应毛主席、党中央的战略号召，举全厂之力共援建了重庆三座军工企业：一座是他自己成人

重庆造船厂大门

①

后工作过的江津462厂，一座在万州，另一座代号429，它就是中国猎潜艇的摇篮——重庆造船厂，里面应该还有不少他睡梦中时常挂记着的童年时候的玩伴……

一

20世纪80年代，我在国营重庆制药机械厂当销售科长的时候，曾承接过不少化工非标准压力容器，大型一些的厚板和封头，都要到重庆造船厂去加工。因为“外协”归口生产科负责，我只知道重庆造船厂是大型军工企业，至于它长什么样子、生产什么东西，我一概不知道。近几年来研究重庆最有特点的三线建设，重庆造船厂是必须要去的了，于是我约我的好友胡承胜等一行四人，一大早来到了明月沱。

在重庆生活了50多年，但我没有去过长江南岸的明月沱。

驾车不到一个小时就来到了明月沱，俗话说，隔行如隔山。今天我要说的是“隔江如断代”。同样是重庆，若长江北面的江北嘴是现代了的话，那么长江南岸的明月沱，起码落后江北嘴40年。现在的年轻人不知道20世纪的

80年代是什么样子，或许从现在的明月沱可以看到一些身影：生产区的厂房是六七十年代的样子，朴实且无华；生活区的“干打垒”“通子楼”是一层连着一层；厂医院、俱乐部、灯光球场，仿佛又把我们带回到那个激情燃烧的岁月。

三线建设的1964—1980年，全国有15个部委局全力以赴投入了这场轰轰烈烈的“备战、备荒、为人民”运动。小到化工部安排的上海并东北制药的一个车间，搬到重庆创建了西南制药二厂和西南合成制药厂；大到船舶工业部停掉了一线二线建设，沿长江上游的万县、涪陵、重庆、江津分别布点二十余家从工装模具到柴油发电机，从船舶设计到当时最先进的近海作战利器猎潜艇……

猎潜艇是以反潜武器为主

②

重庆市历史建筑
Heritage Architecture Chongqing

编号：201840

重庆造船厂俱乐部
Chongqing Shipyard Club

该建筑为现代主义风格，砖混结构，建筑主体为两层通高的观演大厅，临街分为四层，布置门厅及俱乐部办公用房，建筑整体形象较为厚重，入口上部水泥面上书金黄色“重船俱乐部”字体，并挂有重船集团标志，是重庆造船厂及其职工历史记忆的重要载体。

重庆市人民政府
二〇一八年十二月

③

① 重庆造船厂江岸
② 重庆造船厂俱乐部
③ 成为重庆市历史建筑的重庆造船厂俱乐部

装备的小型水面舰艇，主要用于近海搜索和攻击潜艇，以及巡逻、警戒、护航和布雷等海上作业。

中国于 1965 年开始在重庆设计制造“037”型猎潜艇，其满载排水量为 392 吨，最大航速 30.5 节，采用重庆军工系统生产的柴油发动机装置，并配置 5 管火箭式深水炸弹发射装置 4 座，大型深水炸弹发射炮 4 座，双联装 57 毫米舰炮和 25 毫米舰炮各 2 座，以及声呐、雷达和火控系统等。

二

1966 年，以大连造船厂为基本架构，六机部举全行业之力支援代号 429 的重庆造船厂。来至长城内外、大江南北的中船骨干，不仅在建厂过程中显现出来超凡的工作能力，而且给当时非常封闭的明月沱带来了一份厚礼，那就是希望和活力。

无论是 70 年代的露天电影，还是 80 年代的重船俱乐部，每逢周末，整个明月沱那是热闹非凡。当时明月沱本地的居民，对代号 429 这个厂只知道他们是响应伟大领袖毛主席的号召而来，至于这个全封闭式的神秘厂是造原子弹或氢弹什么的，他们一概不知。“对头，那些全部接受

①

过保秘教育的工人不得多说；你想打听一点消息，人家跑得多远……”

共和国第一代 037 型猎潜艇，是重庆造船厂根据苏联人提供的 6641 型猎潜艇改建而成。这在当时几乎是国家最高机密之一。从 1966 年建厂，到 80 年代破产之前，该厂除为海军生产过油料和淡水补给船各 1 艘之外，全部且一共为初创的中国海军生产了 037 及 037E 型猎潜艇 19 艘。无论是在东海还是在西沙，我们所看见的猎潜艇，几乎是清一色的“重庆造”。

1968 年，毕业于武汉水运工程学院船舶系的鲍柱祥被分配到了 429。与他同时期一起被分配来的大中专学生，包括上海江南造船厂的技校生，共有 300 多人。“我们到 429 报到后，并没有参加厂里的基本建设，而是进入了国内各家军工造船厂去学习，学成后才分期分批地回到重船厂，开始投入到中国第一代猎潜艇之生产的。”鲍柱祥告诉我们：“当时厂里条件很差，连放大样的场地都没有一个。但大家心平气和，集中各自智慧，创建条件，从放样到下料，从铆工到焊接，一丝不苟推进着每一项工作。”讲起重船厂的过去，429 人都是热情洋溢，充满着深深的自豪和情怀。

从某种角度来看，三线建设可以说是我国的第一次西

① 重庆造船厂浮吊船
② 重庆造船厂钢构件

①

部大开发。全国性的大批军工、船舶、能源、钢铁、机械制造、航空航天、电子仪表工业向西部转移，最后的落脚点是彻底改变了共和国的产业结构，拉长了中国西部自给自足的产业链。在考察调研的过程中，明月沱七八十岁的老年人告诉笔者："从 1966 年开始，一群又一群热情活泼，说不同方言的年轻人来到了背靠荒芜、面朝长江的明月沱。公社干部告诉我们，他们都是毛主席派过来搞三线建设的。但究竟搞什么，怎么搞，叫我们不该打听的不要打听……"

"建第一艘长 58.77 米、可容纳 71 名船员的 037 猎潜艇时，我们前后花了整整两年时间。六机部工作组及海军住重庆办事处的军代表们几乎每天都关心着猎潜艇的生产进展。后来上手了，机械设备也逐渐配套了，每艘猎潜艇的生产时间也缩短至了一年。"谈起自家的产成品，白发苍苍的 429 人那是如数家珍，仿佛自家的孩子一样，其成长过程中的点点滴滴都永记心中。1978—2003 年，429 厂共生产了 19 艘 037 和改进后的 037E，并 2 艘军辅船，先后通过长江水道，发往了大连、旅顺、青岛、福州、广州前线。

"运送猎潜艇，我们只能依靠自家的拖轮拖。因为我们所生产的用于作战的 037 马力足，跑起来速度很快，一旦掀起浪来，长江中的一般小船根本受不了。所以送猎潜艇出海，只能靠拖船拖。"运船这么大的动作，当地的老百姓都没得感觉吗？ 429 厂的老革命告诉我："当年厂区 2000 多亩地，且建在江边，用高高的围墙一围，外面只能听到声音响，根本看不到里面到底在做个啥！"

429厂和所有的军工厂一样，管理非常严格。上班必须穿工作服，天气再热，也不允许打赤膊，这是作风；除非老家收麦子缺人，除非工作劳累或者身体不适，按规定需要请假，这是纪律；每周都要进行形势和保密教育，这是制度。“尽管军事化管理很讲一二一，但工人们任劳任怨，不计报酬，且几乎不计较个人得失。”我在国企学习和工作了整整二十年，如果可以说这一辈子还算小有成就的话，这和在国企中的锻炼、摔打那是密不可分的。国企的组织纪律、大局意识、担当意识使我受益终身。

“429厂建厂初期的第一批厂领导、车间主任、责任工程师，基本上全部是大连造船厂过来的管理和技术骨干。这叫做‘老厂带新厂’。”“一次海试中，429厂生产的猎潜艇居然熄了火，海试团队找不到原因，

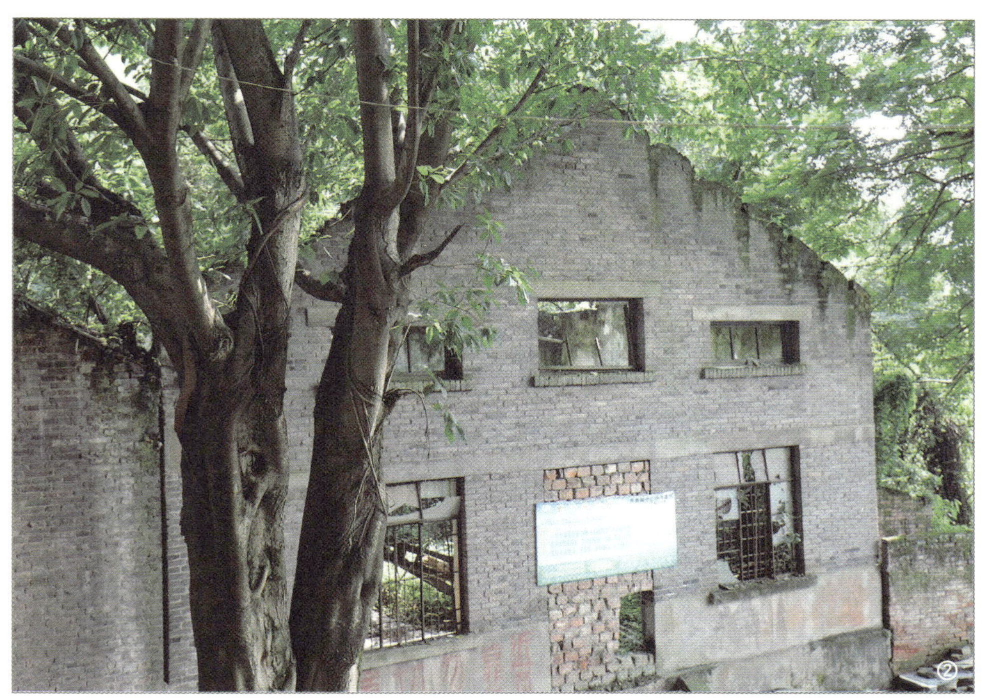

① 重庆造船厂制造的猎潜艇
② 重庆造船厂车间遗址
③ 重庆造船厂车间遗址

从厂里过来的大连籍责任工程师，在没有灯光的机舱里用手一摸，就发现我们把淡水阀和海水阀装反了。这叫作‘以老带新’。”在深入的采访中我们发现，正是因为当时大连这批精英的带动，重庆才陆续培养出一大批造船人才，才能为国家军工事业、船舶制造业作出重要贡献。

技工学校长什么样子，是个什么东西？现在很多年轻人都不知道。当时军工厂招人是很讲究的，扩大生产规模需要立项，需要特批招工指标。工人的来源有复转军人、下乡锻炼了多年的知青，再一个常设通道就是技术工人学校了。“那时新工人进厂，每月的工资是 18.5 元。我们中专读二年，和技校读二年，出来工资都是每个月 37.5 元。”一位现已白发苍苍的 429 老人甜甜地告诉我：一个国家必须重视技术工人的培养，他们曾经是中国军工事业的中坚力量。

三

建厂 21 年，429 厂制造了 21 艘军舰。在新的历史条件下，它已经完成了自己的历史使命。三线企业面临着一个生生死死的军转民，或换代升级。

我接触三线建设不久，研究三线建设不深，但从我走访过的上百家三线企业来看，压缩后提档升级的，甚至比原来过得还好的企业，不多，不多也。国家军转民后易地搬迁有一个“硬杠子”资金政策：国家财政出 40%，主管部委局出 30%，企业自筹 30%。在这种情况下，六机部肯

①

定重点要保的是今天造航母的上海江南造船厂和大连造船厂。重庆二十多家原六机部直属企业，围绕这个核心配套的，都活了下来；反之，像429厂这样的“大船”真的难掉头，难生存了。

其实，在这一转型期，429厂的领导班子是做了大量工作的，但他们的主要精力放在了六机部、放在了海军身上，“等、靠、要”的成分太多。一个新型军舰品种被青岛造船厂拿走，429厂终于在2008年破了产，为自己画上了一个不完美的句号。

八年前，重庆有三级以上城市园林资质的绿化企业有500多家，且家家活得尚好，因为全国唯独重庆是实行的“园林绿化项目经理制”。大学毕业专类本科一年，才能够拿三级项目经理，过四年后才能拿二级项目经理，再四年后才能够考一级项目经理。

① 重庆造船厂篮球场
② 重庆造船厂职工住宅楼
③ 重庆造船厂职工住宅楼

第04节 国营虎溪电机厂

2020年5月，我开始“跑三线”后，在《重庆晚报》上看到了一篇报道，说是位于沙坪坝陈家桥的重庆虎溪电机厂就要拆了，搬到璧山工业园区。于是我就牺牲了一个星期天，专门驾车去了虎溪电机厂。先抵达的陈家桥，在主街上就能看到20世纪50年代炮校遗留下来的历史建筑。一问路，上了年纪的人都知道这个虎溪电机厂。

陈家桥历史上长期隶属于巴县。1995年初，重庆市进行区划调整，由巴县划归沙坪坝区。

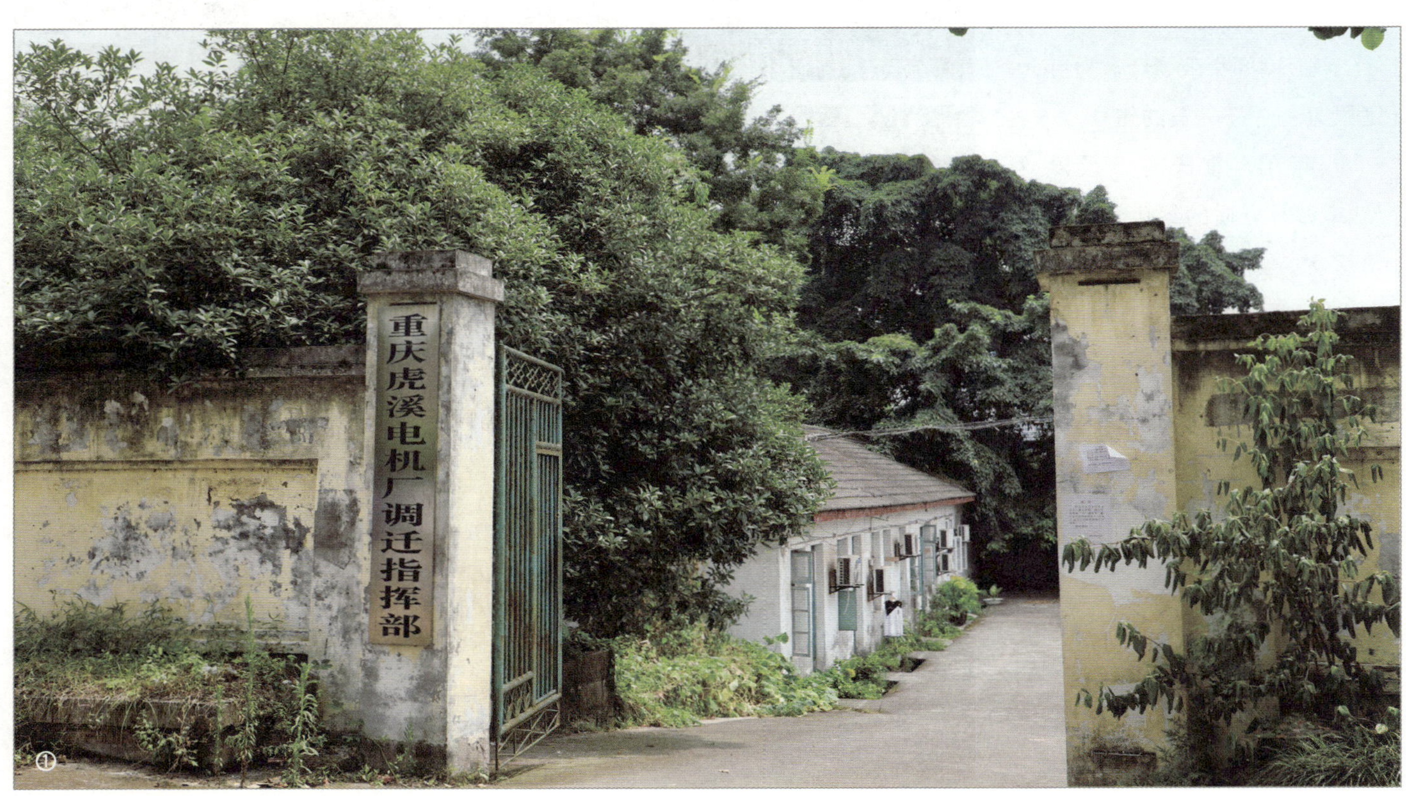

①

国营虎溪电机厂系中国兵器装备集团公司下属的唯一一家专业电机电器制造企业。其厂址原为1952年建成的重庆炮校所在地，后来炮校搬迁到了南京，这里便成了虎溪电机厂的厂址。

虎溪电机厂的旧址是一个充满20世纪生活情趣的地方，有树干粗得多人合抱的黄桷树，有花香四溢的黄桷兰。行进在厂区和家属区的道路上，在初夏的阳光下，黄桷兰的幽香和新绿的气息扑面而来。沿途在菜地里干活儿的老人们，不时发出喜悦的声音。在一排排青砖瓦房的映照下，仿佛有股穿越时空的强烈气息。

厂里的507库，为20世纪50年代由苏联援建的炮校的一部分，周边绿树环绕，三栋厂房从内部结构到外部形态都保留完好。沧桑的老建筑吸引了不少剧组前来取景拍摄，像《英雄无名》《不如跳舞》等影视剧

① 国营虎溪电机厂车间遗址
② 国营虎溪电机厂家属区遗址
③ 国营虎溪电机厂生产车间遗址

①

②

都曾将此地作为外景拍摄点。同时，还引来不少高校师生前来考察、学习。

这个时节，留守老人们种植的胡豆到了成熟的季节。在房前屋后，几位老人身着印有“重庆虎电”的蓝色工作服，正悠闲地从胡豆枝条上摘取胡豆。虎溪电机厂的生产车间搬走后，空出来还没有来得及开发的土地很多，一时半会儿也没有人过来管理，被事情不多的留守老人们开垦出来种植蔬菜了。这些年，老人们用心血和汗水种出来的蔬菜，基本上够自己吃了。老人们告诉我：“能种菜的机会不多了，这里的家属宿舍也快要拆迁了，我们也要搬进高楼去了。”

“我们厂搬到璧山去了，这边只剩下家属区和零星厂房等旧建筑了。别看这些房屋破旧，在这里生活了几十年，自来水、天然气，左邻右舍大家都熟悉了，生活还是比较方便的。要我们马上搬迁，真的还有些舍不得。”留守老人们和他们的愿景还有不少相同之处。我抓紧拍一些相片，把这些工业遗产留存下来，再晚一点儿来，什么也没有了。

随着城市化进程的加快，2012年初，507库连同虎溪电机厂的生产区，在推土机的隆隆声中化作一粒粒尘埃。如今家属区也正着手进行拆迁，苏式建筑的食堂、十米跳台的泳池、大树环绕的操场和亭台，都将消失无踪。

这或许正是当下工业建筑遗产的一个共同的无奈与尴尬之处——保护与改建的速度，有时并不能跟上城市快速发展变化的速度。令人欣慰的是，原炮校的五处旧址，已经被挂牌保护起来，其中包括引人注目的、建筑面积达1800平方米的苏式建筑风格原炮校礼堂。

国营虎溪电机厂占地面积53万平方米，建筑面积13万平方米，拥有固定资产2.6亿元，员工多的时候二三千人，是一

① 国营虎溪电机厂家属区遗址
② 国营虎溪电机厂车间遗址
③ 国营虎溪电机厂跳水台遗址
④ 国营虎溪电机厂宿舍遗址

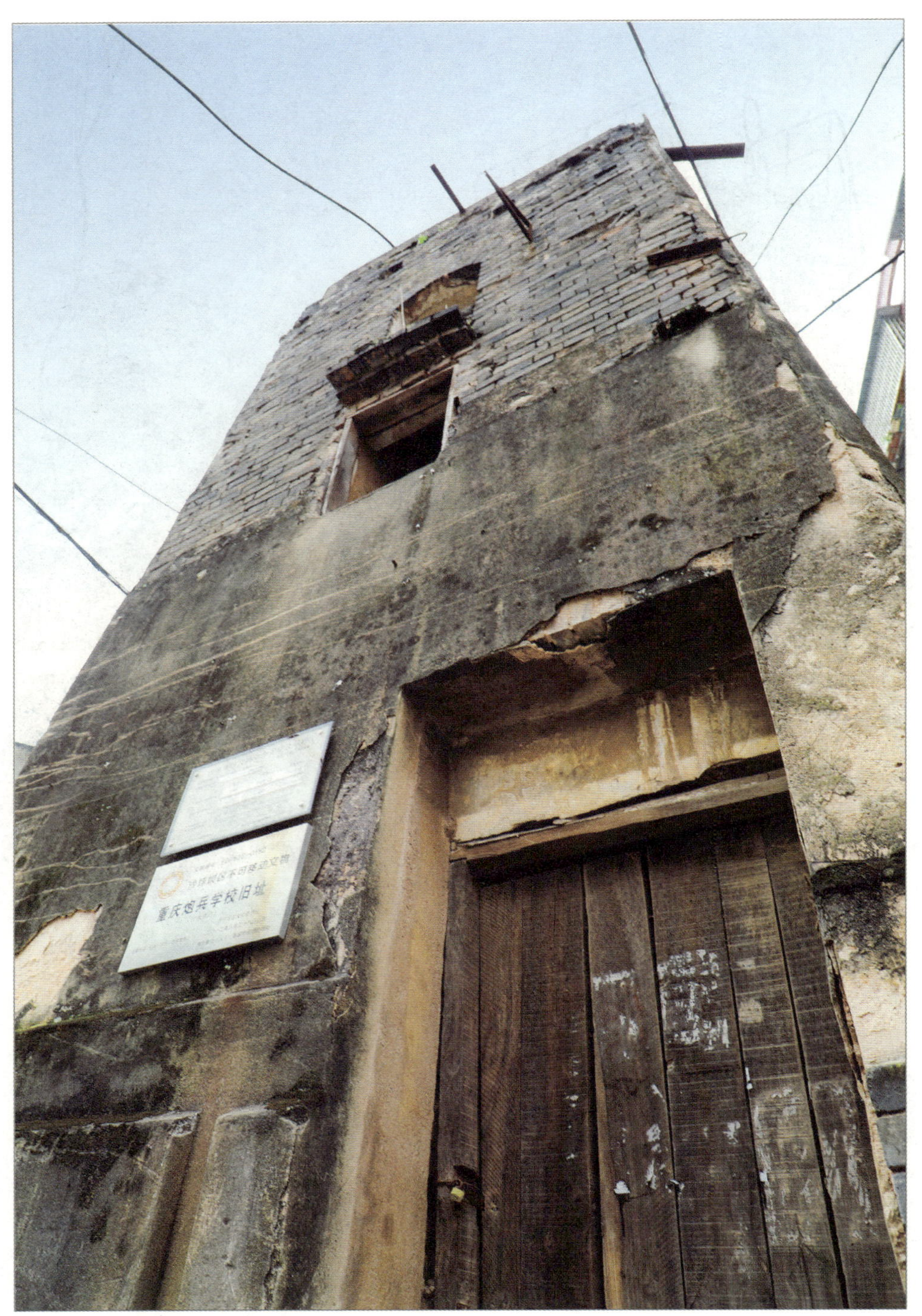

家国家大型二类企业。三线时期的 1969 年建厂以来，作为中国兵器行业高新技术装备的重要配套企业，该厂具有比较先进的设计制造能力和检测能力，是普通的民营或国有企业难以企及的。

经过 50 多年的发展，该厂在直流驱动电机、直流执行电机、启动电机、发电机及吸尘泵、电磁离合器、增压风机等电机电器生产制造方面有非常强的实力，具备从开发设计到机械加工、冲压、热处理、表面处理、锻造、焊接、电加工、总装、测试实验等较为完整的科研生产能力。

该厂在军转民方面下了很大的功夫，形成了潜油电泵、车用电机等支柱性民品。其中潜油电泵已形成 4 大系列 100 多个品种，具有 1000 台（套）的生产能力，广泛运用于国内各大油田、气田，还出口到了美国、俄罗斯、叙利亚等国家，是中国潜油电泵生产的核心厂家。QD-9000 车用电机被列为国家级重点产品，潜油电泵系列产品被评为重庆市新产品百花奖。

国营虎溪电机厂所在地——炮校遗址

第05节　白市驿机场

白市驿机场位于重庆市九龙坡区白市驿镇（原属巴县辖区，1995 年 3 月划归九龙坡区管辖，是九龙坡区三个特大镇之一），建成于 1939 年。

白市驿自明清设驿站而得名，自古商贾云集，物产丰富，素有“白日场”之称，故而得名白市驿。

白市驿机场源于空军基地，归于空军基地，其中军民

白市驿机场大门

①

②

③

合用的辉煌阶段，则是在三线建设时期。

全面抗战爆发后，国民政府首都西迁重庆。为保卫陪都领空，民国二十七年（1938 年）11 月成立白市驿机场建筑委员会，修建空军基地。随即从巴县、璧山、永川等 10 个县和三峡实验区（北碚）征调民工 6678 人，修筑白市驿机场；次年 6 月初成。场面平基 1200 米 ×500 米，泥结碎石结构跑道 1150 米 ×100 米。抗战胜利后为军民合用机场。重庆解放后，修建了 892 平方米的候机楼，新铺设停机坪、混凝土跑道及安全道等，成为国家二级机场。

1965 年 9 月 24 日，周恩来总理由北京赴渝，参加来渝访问的柬埔寨国家元首西哈努克亲王的欢迎仪式，由于周总理乘坐的“子爵号”专机不能降落重庆，只能先降成都双流机场，再改乘伊尔 14 型专机飞渝，以至于未能赶上在白市驿机场举行的欢迎仪式，影响了周总理接待外宾的活动安排。

由此而来，白市驿机场的改造升级已经刻不容缓，周总理次日即召见民航负责人，详细询问了白市驿机场扩建的可能性和所需资金等情况，随即指示要把白市驿机场扩建成能起降伊尔18型飞机的机场，并要求在1965年10月15日前由民航总局把扩建计划报送国务院审批。

在周总理的亲切关怀下，经过紧张的勘察设计和各项准备工作，白市驿机场的扩建工程于1966年7月15日动工，1968年底竣工。这次扩建工程，由空军工程兵870部队担任，大部分采用机械化设备施工，跑道方向顺时针增加3度，主要工程包括3000米×300米的场面平基，2200米×45米×0.24米水泥混凝土跑道1条。

扩建后的白市驿机场，可以起降伊尔18型以下各型飞机，滑行道及联络道建成后，可以增加飞机的流量，多机可以同时进出港活动，客机坪可以同时容纳2架中型飞机和4架小型飞机。1968年，空军部队进住白市驿机场，从此以后白市

④

⑤

① 白市驿机场通讯楼
② 白市驿机场塔台
③ 白市驿机场雕塑
④ 白市驿机场遗址
⑤ 白市驿机场遗址

白市驿机场外景

驿机场成了军民合用机场。

1982 年，民航四川省管理局动工修建候机楼和指挥塔台。第一期工程建筑面积 3100 平方米，于 1984 年 6 月竣工启用。第二期工程因决定新建重庆江北机场而停止实施。新的候机楼装有空调、电子翻板航班动态显示牌以及提取行李转盘等设备，共投资 220 万元。截至 1987 年底，白市驿机场房屋建筑面积达 5 万多平方米。

白市驿机场被国人广为所知的是 1988 年的“1 · 18 特大空难”。1988 年 1 月 8 日，从北京飞往重庆的中国西南航空公司一架伊尔 18 型飞机（机号为 222，航班号为 4146），22 时 5 分左右，在距白市驿机场西北角直线 5 千米的巴县龙凤乡张家湾，发生特大空难事故，机毁人亡。98 名乘客和 10 名机组人员全部罹难，乘客中有 4 名外国人。

1990 年重庆江北国际机场投入使用后，白市驿机场停止民用，改回军用机场。中国第一位航天员杨利伟曾经在该师的重庆梁平机场服役过。

第06节 长征厂

我习惯了匆忙的工作和生活节奏，哪怕是“重庆火炉”烤到户外40多摄氏度的高温也是如此。上个周末，早上7点钟，我独自驾车一个小时，来到了重庆大渡口区边远的一个角落——伏牛溪的长征厂。这个代码为479的军工厂，专业化生产军舰柴油机和舰体，曾经是充满了生机和活力的骨干企业。

时间回拨到53年前，那时候的伏牛溪归属巴县管辖（后几经区划调整，1995年从九龙坡区划入大渡口区），还是茫茫麦浪一片，后山前水者也。谁都不曾想到，1967年仅仅一年多的时间，这里居然冒出来一座占地逾千亩的三线军工国营企业。

创业之初，这家厂叫国营重庆重型铸锻厂，是由六机部党委定点并从全国各地的下属军工企业抽调人马组建而成。后来改称国营重庆长征机械厂（简称“长征厂”），再后来改制为重庆长征重工有限责任公司。

1964年，六机部就近海舰艇发动机、传动机械、舰体制造并配套军工企业，在重庆安排了11家，后来随着三线建设的深入和调整，在此基础上，包括长征厂在内几乎又翻了一番。

长征厂大门标志

①

②

重庆三线舰艇制造工业，1964年起步于武隆县，后因地质和交通原因逐渐转移到江津县、南川县，再后来第二轮才布局永川、南岸、涪陵、万县的。生产各种型号的柴油发动机并舰体的长征厂，从布局到投资，从体量到产能，都是当时中国船舶工业重点中的重点。

在长征厂，我冒着42摄氏度的高温，从进厂倒右手，沿铁路前行三千米，再倒右手横跨若干条铁轨，越过铸造、锻压、金加工、机械维修几个主要车间，再上山到家属区，路没走到一半，全身就仿佛跳进了游泳池，衣服已经可以拧出水来了。

这个厂有位高级园林工程师叫徐公义，其绿化科长叫黄为民，作为重庆市园林行业协会副会长的我，跟他们还是比较熟悉的。

长征厂，如同那个年代创立的其他大型国企一样，承载了老一代军工人和“军工二代”子弟们无尽的记忆。那时候一个厂区就是一个独立的小社会，住在厂里的宿舍，吃着厂区的大盒饭，在配套学校读书，在附近的工贸公司买东西，多少厂子弟生于此、长于此。机器的轰鸣声，孩子的嬉闹声，还有那锅碗瓢盆的叮咚声，交织在一起，成了那一代人独有的感情符号。

那时一个月几十块钱的工资，要养活一大家子人。对于大多数人来说，厂区就是自己的全部世界。那种集体生活的快乐，也许只有工厂的子弟体验最深：饭堂大蒸锅里的馒头、花卷、包子……冒着热气，早早地就在等着上班上学的人群；每天下班回家的途中，遇到的都是熟人，要打好多个招呼；放学早的娃儿们，都在楼下滚铁环、捉迷藏，到了饭点儿，

① 长征厂办公楼
② 长征厂综合楼
③ 长征厂铁路枢纽
④ 长征厂铁路枢纽

①

②

妈老汉（川渝地区对父母的称谓——编者注）在楼上吼一声，就立马回家吃饭了……

在那个物资匮乏的时代，物质生活的最终目标就是每天能吃饱一顿饭。非常劳累的工余之外，要想喝一口老白干什么的，只能等到逢年过节了。那时几乎所有的商品只能凭票供应，工人们的酒票一个月只有二两，一线搞铸造锻压、体力活大一点儿的工人，一口气就可以把它喝完。

长征厂党政工团的工作，在西南兵工局系统都是做得很好的。那时候年轻人要求进步，思想都很纯，工作上都在“比、学、赶、帮、超”。厂里的文化建设还是很有特色，一会儿厂运动会，一会儿歌咏比赛，什么文化补习班、英语班的，搞得多热闹什么的。

长征厂主要生产军舰上面使用的各种型号中高速柴油发动机。除了部分“外协”特种零部件之外，翻砂铸造、锻造、精加工，样样齐全。各车间按生产计划安排工作，那是热火朝天，干劲十足。六七十年代那个壮观的社会主义劳动竞赛场面，现是很难看得到了。

数千长征厂的工人和干部早已习惯于按国家下达的计划、国家调拨的材料组织生产，可能没有一个人想过，硕大的一级国企还要去“找米下锅”。刚好我们这代人，在邓小平改革开放、和平外交的道路上真的又遇到了。

面对军品任务一天一天地减少，长征厂党政领导急得像热锅上的蚂蚁，他们带领工厂产供销一班人南征北战，八仙过海，找米下锅。小到五洲阿里斯顿冰箱，大到压力容器，最后主业成为铁路系统之外的最大货车车箱及铁路平板车制造商。长征厂能够坚强地活下来，真的不容易！

① 长征厂生产车间
② 长征厂生产的半成品
③ 长征厂单工公寓
④ 长征厂职工住宅楼

长征厂厂区环境

重庆长征重工有限责任公司现在隶属中国船舶重工股份有限公司（中船重工），是中国造船工业在西南地区的铸锻中心，中国铁路货车及配件的重要供应商，中国最大的船用柴油机连杆锻件供应商，中国最大的单轨PC梁铸钢支座生产研制企业，中国最大的船用集装箱绑扎件研制基地。自2003年以来连年跻身重庆工业企业50强。

该公司现有员工3000余人，有中、高级专业工程技术人员1200余人，总资产26亿元。经过40多年的发展，公司已成为集锻造、铸钢、精密铸造、热处理、机加、焊接、模具制造、表面处理等制造手段为一体的大型综合企业，拥有各类设备共2000余台（套）。主要产品有铁路货车、铁路配件、集装箱绑扎件、轻轨支座、各类铸锻件，其产品广泛用于铁路、船舶、风电、城市轨道交通、石油、化工、冶金、汽车等领域，部分产品远销欧洲、美洲、澳大利亚、南非、中东、东南亚等30多个国家和地区。

第07节　一坪化工厂

三线建设开始后的1965年，北京六二一厂硅油脂车间和北京石油科学研究院附属氟油车间的全部设备和人员，迁往重庆巴县一品场，筹建合成润滑油脂试验科研生产基地——一坪化工厂。基地包括中间试验生产工厂和科学研究两部分，承担着国防部门所需特殊润滑油脂以及特种燃料油的研发和生产工作。

一坪化工厂大门

1966 年 3 月，一坪化工厂润滑脂车间投料试车，生产出航空精密仪表脂。10 月，氟油车间开始生产全氟碳油产品，酯类油车间开始试生产癸二酸双酯，当年完成了 8 个产品的放大转产，生产酯类油、硅油、氟油、烷撑聚醚、润滑脂和添加剂等。

1970 年 1 月 9 日，石油部又将石油科学研究院从事新型材料研究的人员和课题任务，转入了一坪化工厂。

至 1990 年底，该厂先后开发了 143 个品种，有两项成果获国家二等发明奖，7 项技术获国家专利，72 项科研成果获全国科技大会、国防科委、国防工办、石油部、石化总公司和省、市奖励。

1985 年该厂获“军民协作先进集体”称号，1986 年获国家“六五”科技攻关先进集体奖。

④

⑤

① 一坪化工厂生产区
② 一坪化工厂办公楼
③ 一坪化工厂原礼堂遗址
④ 一坪化工厂生活区
⑤ 一坪化工厂职工住宅楼

第08节 四川仪表十一厂

1966年9月6日，一机部四局向一机部提出了一份设计任务书：由无锡仪表阀门厂技术支援，在重庆巴县青木关（1995年初，由巴县划归沙坪坝区）建设调节阀厂。该厂年产各类调节阀2500台，产值310万元，职工300人，投资150万元。10月31日，一机部批准了这个项目的设计任务书。1967年，根据一机部的决定，川仪总厂于1967

①

年3月30日下达了调节阀厂的基建任务。1972年1月，调节阀厂正式投产，刘宗元同志任书记，朱炳生同志任革委会副主任。

调节阀厂即后来的四川仪表十一厂。

建厂初期，该厂生产80毫米以下规格的铸铁调节阀；两年后，该厂投产了铸钢调节阀，钢坯由自贡铸钢厂供给。1978年增加铸钢设备，钢坯逐步自给。

随着生产的发展，该厂的调节阀品种不断增多，其中气动薄膜高压阀、双座调节阀获省级经委优质产品称号，年产量占全国总产量的50%以上。

到了1985年，该厂已能生产300毫米以下规格的调节阀和1300毫米以下规格的煤阀，年产铸铁调节阀879台，铸钢

① 四川仪表十一厂大门
② 四川仪表十一厂办公楼
③ 四川仪表十一厂生产区

调节阀789台，不锈钢调节阀467台，煤阀501台，电气转换器499台，定位器1440台。1972—1985年累计生产各类调节阀13个品种，3048万台，总产值1997万元。1985年，该厂拥有职工239人，固定资产原值347万元，房屋建筑面积16000平方米；完成工业生产总值432万元，利税149万元。

① 四川仪表十一厂生产车间
② 四川仪表十一厂生产车间一角
③ 四川仪表十一厂生产车间

第09节　四川仪表十二厂

1966年9月28日，一机部西南工作组批准了小模数齿轮厂的扩初设计，并决定将原批准的计数器厂改为小模数齿轮厂的一个车间；随后川仪总厂下达了小模数齿轮厂的建厂基建计划。

1972年，上海自动化仪表九厂被“一分为二”，由尹海泉同志带队，4月13日离开上海，4月20日到达重庆；

四川仪表十二厂办公楼

迁来职工114名,各种机器设备191台(套)。1973年4月,小模数齿轮厂正式投厂,由尹海泉同志任党总支书记兼革委会主任。张忠寿、叶耀武同志任副书记。

小模数齿轮厂即后来的四川仪表十二厂。

小模数齿轮厂的设计能力为年产仪表齿轮125万件,压力表芯15万套。1982年该厂即突破设计能力,年产仪表齿轮131万件,压力表机芯47.5万套。这里面还有个插曲,一机部四局由1967年9月3日和1968年2月20日分别对小模数齿轮厂的生产纲领进行了调整。后来川仪总厂还专门报告,变动了这个生产纲要,但不知道什么原因。

1985年,该厂生产仪表齿轮370万件,压力表机芯176万套。1973—1985年累计生产仪表齿轮2971万件,压力表机芯1296万套,总产值2236万元。1985年,该厂拥有职工259人,固定资产原值707万元,房屋面积16000平方米,当年完成工业总产值459万元,利税179万元。

① 四川仪表十二厂生产车间
② 四川仪表十二厂生产车间一角

第10节　四川仪表十六厂

1966 年 9 月 6 日，一机部四局向一机部报告了建设流量仪表厂的项目设计任务书：全年各类流量计 4100 台，产值 520 万元，职工 400 人，投资 200 万元。10 月 31 日，一机部批准了这个项目设计任务书。1967 年 3 月 30 日，川仪总厂下达了流量仪表厂的基建开工令。

流量仪表厂即后来的四川仪表十六厂。

四川仪表十六厂大门

①

②

巴县的青木关，云集了川仪十一、十二、十六3个厂家。从川仪总厂各分厂的布置上来看，形成了以北碚为中心，沿澄江、歇马、青木关、施家梁三线适当集中布点的工厂格局，初步形成了川仪总厂系统以生产自动化仪表为基础的产品结构发展方向。

1976年7月，川仪十六厂正式投产。冉潘毅同志任临时党支部书记，薛增顺同志任临时厂行政领导小组组长。建厂初期，主要生产节流装置。至1980年，该厂开始生产流量仪表附属装置。

随着国家强化节能政策，城乡对电度表的需求量剧增，20世纪80年代，一度出现供不应求的局面。在这个大背景下，十六厂开始大踏步进军电度表生产行业，不久即被四川省和重庆市择优为定点生产电度表单位，主要生产DD28、DD5、DD15、DD17A四种型号，1～5安五种规格。到了1985年，该厂集中收窄，专类生产各种节流装置中的环塞孔极、八槽孔板、整体式孔板、大型孔板等。

与此同时，川仪十六厂还大量生产孔板的附属装置，如冷却器、隔离器、平衡器等。除此之外，还同有关高校合作，研发生产微孔化、高精度的JLR型饱和水蒸气流量、热流计算仪。此外，在川仪总厂与工业自动化仪表研究所开发出市场热销的电动单元组合Ⅲ型仪表系中，十六厂积极参与产品扩繁，利用自己生产计量仪表的独特优势，投入此产品的配套系统中去，不仅体现了自身的价值，还为企业争取到利益最大化。

1976—1985年该厂累计生产各种节流装置7950台，各类附属装置486台。1985年该厂拥有职工425人，固定资产原值716万元，房屋建筑面积27000平方米，全年完成工业产值1108万元，利税192万元。

③

④

① 四川仪表十六厂生产车间
② 四川仪表十六厂职工食堂
③ 四川仪表十六厂车库
④ 四川仪表十六厂生产车间

第11节　石油沟气田

清光绪二十六年（1900年），富绅李耀庭等人在巴县石油沟用人工凿井、土法炼石油，后因井中出现盐水而被迫停产。民国十九年（1930年），巴县实业界人士仇俊卿从广东聘请矿业技师邝森杨来巴县勘探石油资源，并筹集资金，准备探采。民国二十年，地质学家丁文江博士认为：巴县石油沟是最有希望的石油地区。

①

①石油沟气田原址
②石油沟气田原址
③石油沟气田巴一井
④成为重庆市文物保护单位的石油沟气田巴一井旧址

①

②

民国二十一年夏，德国石油专家薛福应邀到巴县石油沟进行地质调查后认为“产量尚丰”，确有开采价值。是年8月28日，由刘湘、吴蜀奇、何北衡、傅友国、仇俊卿、秦圣清等40人正式发起组建“中华光明石油股份公司”，筹备开采巴县石油沟油气资源。

民国二十二年，刘湘与德国雅丽洋行合办四川石油探采事宜，用地球物理探测技术，对石油沟等地进行勘探，均认为川东天然气资源丰富。民国二十五年，中华光明石油股份公司因资金、技术、设备缺乏而停办，最终未能完成石油沟油气资源的开发和应用。

解放后，地质人员相应地做过进一步的调查、详查与细测。从1965年开始，为了加强“三线建设”，石油部决定集中全国力量，加强川东和四川地区石油天然气勘探建设，再次组织规模空前的“开气找油”大会战。1966—1967年，重点是石油沟东溪构造，主要做法是查旧井、追显示，并有计划地钻探新井，开展层层井井酸化，使日产气从 26.4 万立万米增加至 115 万立方米。

1970 年以后，主要工作是在石油沟等 3 个构造上进行二次勘探，解决了气田的产层、气水关系，井田连通以及储量不清的问题。为此，四川石油管理局确定了“主探石炭系，兼探二叠系、三叠系”的方针，采用三角井网布井的原则，以“增储上产”为主要目标，从而使钻井成功率达到了一个新的高度。

石油沟气田从 50 年代中期开始进行有计划的大规模钻探，至 1979 年基本结束钻探，再到 1990 年底，石油沟气田共钻井 28 口，获气 10 口，井口总产能 156.4 万立方米 / 日，共获气藏 7 个，探明储量 23.67 亿立方米，累计采气 20 亿立方米，剩余储量 3.67 亿立方米，采出程度 84.4%。

③

④

① 川东钻探，开气找油
② 石油沟气田原物资库
③ 石油沟气田办综合楼
④ 石油沟气田职工住宅楼

第12节 重庆罐头食品厂

重庆罐头食品厂的前身系私营正华酒精厂。1954 年，国家投资 172 万元，把巴县铜罐驿冬笋坝的西南第一机制砖瓦厂旧址改建成重庆农产品制造厂。1964 年生产的罐头有猪肉、家禽、蔬菜、果汁、水果五大类，33 个规格品种，成为重庆罐头食品工业基地。1965 年改名为“重庆罐头厂”，1981 年定名为“重庆罐头食品厂”。

①

该厂1958年就达到了改建设计年产5000吨罐头的生产能力。其后，随着生产的发展和出口的需要，其设备得到不断的增加，配套设备也逐渐得到了进一步的完善，生产能力得到不断发展和壮大，最终成为轻工业部定点生产出口罐头的专业厂，为西南地区最大的一级企业。

该厂先后引进和添置的设备有：从瑞典阿法拉法公司引进的2.5吨/时高浓度果汁罐头自动生产线；从匈牙利引进的圆听自动焊接制罐生产线，以及汕头轻机厂生产的GT4B高速封口机组等成套设备。新建了1200吨冷库和7000平方米保温库，1500千瓦热电站。

1978年我高中毕业，在进入新的学校学习前，家父通过他的病友——重庆罐头食品厂劳动人事处处长王仁义，把我

① 重庆罐头食品厂现名
② 重庆罐头食品厂综合楼
③ 重庆罐头食品厂冷库

弄到这个厂的蔬菜罐头车间当“学工”，接受工人阶级的再教育。在冬笋坝实习工作不到一个月时间，厂里又把我安排到了璧山县城守镇和丁家镇去收蘑菇。最后在万东碧大姐的帮助下，我从璧山扛了半头猪回重庆，把父母高兴惨了。

1985 年，重庆罐头食品厂拥有职工 1228 人，其中工程技术人员 40 人；工厂占地面积 14 万平方米，建筑面积 8.2 万平方米；固定资产原值 1505 万元。当年生产罐头 13821 吨（出口 6924 吨），饮料 4941 吨，实现工业生产总产值 5928 万元，利税总额 665 万元。产品出口美、苏、日、加和欧洲、中东、东南亚地区，年创汇能力 750 万美元。

继 1980 年该厂生产的“梅林牌”番茄酱罐头 70 克获国家银质奖之后，1985 年，国家商检总局等九部委联合授予该厂“贯彻执行食品卫生法先进单位”。“梅林”牌系列罐头产品多次获得四川省、轻工部“优质产品”称号。“梅林”牌红烧扣肉罐头 397 克、“星火”牌午餐肉罐头 397 克荣获重庆市“优质产品”称号；蚕豆罐头 397 克荣获轻工部“优质产品”称号。

① 重庆罐头食品厂生产车间遗址
② 重庆罐头食品厂招待所

第13节 重钢小南海白云石矿

白云石是一种碳酸盐矿物质，主要用作碱性耐火材料和高炉炼铁熔剂使用。

重庆巴县的白云石，矿藏丰富，其中已经探明的矿床首数中梁山背斜南段的白沙沱矿床，其氧化镁含量为17.39% ~ 18.4%，储量1938.63万吨，属中型矿床，其开采单位为重庆钢铁公司。

重钢小南海白云石矿矿址

重钢小南海白云石矿承担着整个重钢集团所需白云石矿的生产，主要的规格有45～80毫米、25～45毫米、0～25毫米3个规格，是重钢炼铁、炼钢生产的重要辅料，年生产能力为25万吨。1987—1992年三线建设调整时期完成了两部矿段的续建工程，从而使小南海白云石矿在1986—2001年度较好地满足了重钢生产的需要。

任何矿藏资源的开采都是有限量的，一旦矿藏资源枯竭，它就完成了自己的历史使命。重钢小南海白云石矿在2001年1—6月还能全月生产，7—9月只能处于半生产状态，9月30日完全停产闭坑，从此开始矿山复绿工作。

① 重钢小南海白云石矿生产作业区
② 重钢小南海白云石矿办公室
③ 重钢小南海白云石矿生产区遗址

第14节　重庆市第一建筑材料厂

1950年9月，西南工业部和西南军区营管部共同组建了国营西南建筑公司筹建处，统筹重庆地区的砖瓦工业建设，并于当年9月开工，在巴县场坪建设了“公营重庆第一机制砖瓦厂”。该厂先建土窑生产青砖，再建34门轮窑1座。当年就建成了直焰窑8座，设计能力年产2万块青砖，实产青砖10.28万块。

重庆市第一建筑材料厂原址

随后，该厂又从上海订制制砖机 2 部，制瓦机 2 部，并从汉口聘来了建窑技工 12 人，轮窑于 1950 年底开工，1951 年 5 月建成投产；日产砖 2 万余块，瓦 3000 余匹。1951 年 8 月，西南建筑公司改组，撤销了原来的砖瓦厂筹备处，成立了西南建筑材料公司，随即把该厂划归西南建筑公司，并命名为“西南工业部 702 厂”。

“做个有心人，遍地是黄金。”近两年，我们重庆三线两会在中国人民解放军 351 二库发现了“公营重庆第一机制砖瓦厂”和“国营西南第一砖瓦厂（1951）”和“西南建筑工业管理局 702 厂”的机制瓦；在虎溪电机厂、小南海水泥厂发现了“重庆建筑公司冬笋坝砖瓦厂”的机制砖。2022 年 5 月 15 日考察第一建材厂和后来的长江电工厂、四川美院，都见到了该厂历史性的产品。

① 重庆市第一建筑材料厂原址
② 重庆市第一建筑材料厂职工住宅楼

第15节　重庆氮肥厂

重庆氮肥厂始建于1965年，原设计以焦炭为原料，生产5000吨合成氨，加工成20000吨碳铵，1970年9月投产。1976年改以天然气为原料生产合成氨，使该产品年生产能力扩大到1万吨。经化工部批准，1978年建成年产2000吨甲胺装置，填补了西南地区甲胺生产的空白，成为重庆市重要的综合生产化工原料生产基地。

改制后现今的重庆氮肥厂办公楼

①

① 重庆氮肥厂生产装置
② 重庆氮肥厂办公楼
③ 重庆氮肥厂生产厂区
④ 重庆氮肥厂生产车间

②

③

④

该厂注重技术进步，从1974年开始，相继对碳铵生产的原料路径和生产工序进行了一系列技术改造，天然气改造工程和生产过程自动化改造两个工程的完成，彻底改变了企业的面貌。1985年，该厂开工建设年产4万吨纯碱副产品氧化胺的联碱工程。至1985年，该厂的合成氨达到年产12174吨，碳铵48660吨的水平。

1978年，该厂研制的“小化肥成套自动化控制装置”荣获全国科学大会颁发的全国重大科技成果奖；1984年企业整顿后，该厂先后获化工部、省市授予的“经营管理先进集体”“文明单位”“安全生产先进集体”等荣誉称号。

地处巴县铜罐驿冬笋坝的重庆氮肥厂，占地约22万平方米，1985年拥有职工866人，工业总产值1205万元，固定资产原值1447万元，净值878万元。

三线时期的重庆氮肥厂家属区

第16节 重庆轻工业机械厂

1966年，由国家计委批准开始筹建重庆轻工业机械厂。其设计能力为年产轻工机械1000吨，职工总数1351人，主要方向产品为食品机械、钟表机械、制笔机械三大类。1972年建成投产，主要生产精密压力机、气动表壳车床等轻工机械134台、189.95吨，产值为116.7万元，时有职工844人。

重庆轻工业机械厂大门

①

②

③

④

重庆轻工业机械厂的筹建工作，由轻工部委托重庆市一轻局负责；1971年基本建成后，轻工部委托四川省轻工厅负责代管。因“文化大革命”的影响，投产后其生产和工作秩序都很不正常，前三年累计亏损47.4万元。粉碎“四人帮”之后，该厂的生产逐渐步入正轨，经济效益才开始慢慢好了起来。

重庆轻工业机械厂位于巴县鱼洞镇，厂区占地面积13万平方米，建筑面积6.4万平方米；1983年拥有职工1090人，固定资产原值1637万元，净值为1207万元。全年生产印刷机械315吨、啤酒饮料机械240吨、食品包装机械187.2吨、钟表机械57.7吨；全年完成销售收入786万元，利润253万元，上缴税金39万元。

① 重庆轻工业机械厂礼堂
② 重庆轻工业机械厂办公楼
③ 重庆轻工业机械厂生产车间
④ 重庆轻工业机械厂生产车间
⑤ 重庆轻工业机械厂厂区环境
⑥ 三线时期的重庆轻工业机械厂厂房建筑

第17节 重庆纺织机械专件厂

1971年，重庆纺织机械专件厂开始在重庆原巴县鱼洞镇筹建，是国家投资在西南地区兴建的唯一一家纺织机械专件厂。筹建期间，上级领导机关把原重庆纺织配件总厂所属的四分厂人员和设备，拆迁并给了纺织机械专件厂。1976年1月，该厂的棉纺细纱钢领（指环锭细纱机和环锭拈线机中起加拈和卷绕作用的钢制圆环形机件。环锭的“环”指的就是钢领——编者注）等产品正式投产，其主要产品有钢领、锭子、罗拉三大类。

①

该厂生产的钢领有PG1/2、PG1、PG2三种型号63个规格，锭子有三种型号D1201B、D1202B、D11203C计6个规格，罗拉有100多个规格。当年该厂还试制成功了抛光钢领、锥面钢领和联邦德国走锭机上的立锭MRK等新产品。同时，该厂还与上海光机研究所、重庆大学协作，研究了杆激光热处理技术，这是国家“七五”攻关项目。

截止于1985年末，国家累计投入748.98万元建设该厂，形成固定资产原值700万元，设备356台。1985年，该厂拥有职工622人，年综合生产能力216.75吨，其中钢领600万只，锭子20万套，除此之外，还生产了梳棉机的盖板链条等产品。

从建厂至1985年，重庆纺织机械专件厂累计生产了钢领1698.54万只，锭子63.09万套，罗拉5941节。

① 重庆纺织机械专件厂家属院遗址
② 重庆纺织机械专件厂家属院遗址
③ 重庆纺织机械专件厂综合楼遗址

第18节　巴县白市驿水泥厂

旧时水泥又叫“洋灰”，它是一种水硬性无机胶凝性材料；加水搅拌后成浆体，能在空气中硬化或者在水中硬化，并能把砂、石等材料固牢地胶结在一起，广泛使用于建筑领域。水泥的主要原料是石灰石，巴县已探明的中梁山背斜其储量就有14103万吨，且碳酸钙（石灰石）的含量占50.66%～54.36%。

①

① 巴县白市驿水泥厂大门
② 巴县白市驿水泥厂生产流水线
③ 巴县白市驿水泥厂生产区
④ 巴县白市驿水泥厂生产车间设备

在白市驿建水泥厂，具有得天独厚的条件。巴县白市驿水泥厂原本是成都军区7305部队兴建的一座年产量5000吨的小型水泥厂，1972年7月31日拨给巴县。巴县接手后，从1973年起，先后投资200余万元对其进行了扩建、改建，逐渐拥有了2×8立方米普立窑、机立窑各1座，各型球磨机5台。

技改扩能完成之后，白市驿水泥厂能生产矿渣硅酸盐、普通硅酸盐两个品种、3个标号(275号、325号、425号)的水泥，具有年产6万吨的生产能力。

1985年，该厂拥有职工426人，固定资产原值302万元，年产水泥3.43万吨，产值172.29万元，利税60.26万元。

① 巴县白市驿水泥厂生产设施
② 巴县白市驿水泥厂生产设施

第19节　重庆前进化工厂

民国二十六年，四川军阀杨其昌和第二十一军军需处副处长杨德纯，在鱼洞同乡坝开办四川群力化工厂。民国三十七年，罗鉴中、吴克宣等4人集资接管经营，专制黑色火药，以供修筑成渝铁路、公路之用，后因货币贬值，物价飞涨而停办。

1950年，罗鉴中等21人重新集股1亿元（合新人民

重庆前进化工厂遗址

币 1 万元)，恢复了黑色火药生产并逐渐有所发展。1953 年，重庆的“中南”“义琳”“新生”等 8 家私营小化工厂并入后，改名为四川群力化学厂。除继续生产黑色火药之外，还生产松节油、松香、明矾等。1956 年，公私合营时，又将鱼洞化肥厂、青木炼硝厂、木洞弘冶锅铧厂并入，改名“四川省公私合营巴县群力化学厂”，成为巴县化工行业的骨干企业。

1962 年，该厂开始生产普通过磷酸钙 126 吨，此后产量逐年增加。经多次技改和扩建，形成年产硫酸 3.5 万吨，普通过磷酸钙 10 万吨，固体亚硫酸铵 1000 吨，氯化锌 600 吨及副产品氟硅酸镁 500 吨的生产能力。

1985 年，该厂拥有职工 824 人，固定资产原值 658 万元，年总产值 824 万元，上交利税 31.4 万元。

① 重庆前进化工厂遗址
② 重庆前进化工厂遗址

第20节 重庆小南海水泥厂

20世纪70年代，重庆地方水泥生产因全国“五小”工业的推动，形成了一个新的发展高潮。1970年9月，巴县白沙沱铁业生产合作社自力更生，土法上马，试生产了水泥。1971年春季，该厂成功烧制出块状水泥熟料，经重庆水泥厂化验，第一批水泥标号为400号，第二批达到了540号的标准。

重庆小南海水泥厂标志

①

②

水泥的标号是水泥强度的指标。水泥的强度是表示单位面积受力的大小，是水泥加水拌和后，经凝结、硬化后的坚实程度（水泥的强度与组成水泥的矿物成分、颗粒细度、硬化时的温度、湿度以及水泥中加水的比例等因素有关）。水泥的强度是确定水泥标号的指标，也是选用水泥的主要依据。我国生产的水泥一般有 325＃、425＃、525＃ 等几种标号。生产不同标号的水泥，是为了适应制作不同标号的混凝土的需要。

1971 年 8 月，巴县白沙沱铁业生产合作社更名为巴县白沙沱水泥厂。1973 年，被重庆市二轻工业局定为重庆市“五小”原材料生产厂之一。至 1985 年，该厂已拥有职工 376 人，固定资产原值 164.99 万元，具有年产水泥 4 万吨的生产能力。当年产量为 2.10 万吨，产值 135.58 万元，利润 14.90 万元，上交税金 13.10 万元。

2022 年 5 月 18 日，重庆三线两会组团考察重庆小南海水泥厂，三线建设时期的老厂址，除原来的家属区和生活服务区之外，老厂房全部已经拆除，搬至山上的新厂址去了。我们在老厂址过去一点儿的地方，考察了已成为市级文物保护单位的白沙沱铁桥；还在老厂址上拾到两匹“一砖厂”1951年生产的机制瓦。这也算考察小南海水泥厂的收获了吧。

① 重庆小南海水泥厂老厂区遗留
② 重庆小南海水泥厂老厂区遗留
③ 重庆小南海水泥厂办公楼
④ 重庆小南海水泥厂家属区
⑤ 过去的记忆－洗衣槽

第21节　重庆青木关陶瓷厂

重庆青木关陶瓷厂位于现今巴南区青木关镇，原系巴县民力碗厂转产改建而成。

这家厂早先生产土陶、普瓷，1979年因产品滞销，转而改产釉面砖，投放市场，一炮打响，产品供不应求。1980年至1982年，以国家投资、自筹、银行贷款等方式筹集资金200万元，进行了扩大再生产。其改扩建工程，新建了50立方米倒烟式焙烧窑，69.6米隧道窑、电窑各1座；20孔窑2座、5个生产车间，具有年产30万平方米

①

釉面砖的生产能力，并开发了陶瓷板画、六角形陶质马赛克等新产品，一时在青木关镇那名头是响当当的，令多少青春少女都渴望嫁到陶瓷厂去。

1985 年，重庆青木关陶瓷厂拥有职工 417 人，固定资产净值 167.3 万元，生产多规格釉面砖 29.4 万平方米，是年产值 210.06 万元，盈利 83.45 万元，上交税金 41.99 万元。“那个时候，我们陶瓷厂在青木关修的职工宿舍最多，什么绿化啊、娱乐园啊、洗澡堂啊，应有尽有。”该厂的老职工如斯说。

① 重庆青木关陶瓷厂综合楼
② 重庆青木关陶瓷厂综合楼
③ 重庆青木关陶瓷厂地址
④ 被房地产开发了的重庆青木关陶瓷厂

第22节 巴县氮肥厂

1967年至1972年，我在四川省营山县城一小读了五年小学。那时候我的爷爷、婆婆、二爸、幺爸以及大姨，都生活在农村“修地球”，我也经常到农村去小住一段时间。当时农村种粮食没有化肥，主要靠农家肥和草木灰，粮食产量每亩只有二三百斤，除了交“公粮”之外，广大的贫下中农是很难吃饱饭的。

①

1972 年我和父亲要离开营山县之前，听说营山要建氮肥厂了，是营山很轰动的一件事，68 万营山人可以说是望眼欲穿。所以当年中央的“五小”工业政策很受广大人民群众欢迎。巴县氮肥厂也是在这种背景下，于 1972 年底在巴县的一品场建立起来的，是当时巴县唯一的一家专业生产氮肥的国营企业。

1973 年，巴县氮肥厂正式投产，其生产纲要是年产合成氨 6000 吨、碳铵 2 万吨。这个数量基本上能满足巴县农村的生产需要了。

2022 年 6 月 2 日，我们重庆三线两会来到巴县氮肥厂考察调研时，当地老百姓告诉我们，1985 年，这家厂有正式职工 417 人，年产值为 370.45 万元，上交利税 48.3 万元。

① 巴县氮肥厂家属区
② 巴县氮肥厂办公楼
③ 巴县氮肥厂生活区
④ 巴县氮肥厂职工住宅楼

第23节 重庆传动轴厂

1953年3月，当时巴县虎溪乡的8家个体铁匠，组建成巴县虎溪铁业生产合作社，主要生产铁制农具和日常生活用具，所产“史菜刀”“贾剪刀”在重庆市和巴县还多有名的。这之后，该社还生产了弹簧锤、夹板锤、手摇挞谷机、切面机、万能粉碎机、汽油机、川农313及412水泵电动机，C618普通车床等产品。

①

从1975年开始，该厂开始转产汽车传动轴，铁业社更名为巴县二轻局陈家桥汽车配件厂；1980年更名为重庆传动轴厂，生产“解放”120和414传动轴，并开发了“东风”140和“南京”130，五十铃系列传动轴及“解放”120型，“东风”140型刹车鼓。从此跃升为西南地区国家定点专业生产中、轻、微型汽车传动轴总成的专业厂家。

1985年，该厂拥有职工310人，固定资产225万元，有中初级技术人员40名，各类机械设备144台（套），主要生产6个系列、40多种规格的传动轴总成和零部件。1985年该厂的工业生产总值为205.32万元，年利润12.41万元，上交税金8.75万元。

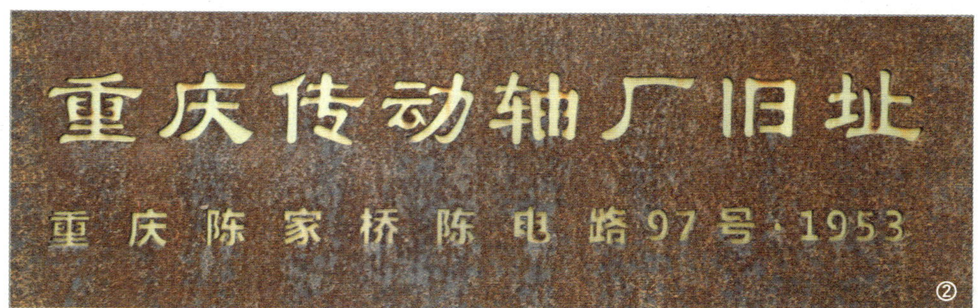

① 重庆传动轴厂遗址文创区
② 重庆传动轴厂遗址标志
③ 重庆传动轴厂大门

① 重庆传动轴厂生产区
② 重庆传动轴厂生产区
③ 重庆传动轴厂生产区

第24节 重庆白市驿钢铁厂

巴县铁矿较为丰富，铁的远景储量为4200余万吨，主要矿址有包括白市驿在内的14个矿位。白市驿铁矿矿石平均含铁35.89%，质量比较稳定，焙烧矿石品位47%左右。除了赤铁矿之外，白市驿铁厂开发的白市驿铁矿之菱铁矿含铁29.73%，其经济价值是比较明显的。

现名叫作“重庆白市驿钢铁厂”的原巴县白市驿铁

重庆白市驿钢铁厂家属区遗址

厂兴建于 1972 年 2 月；当年建成投产，年产生铁 2345 吨。此后经市县重点投资，进行技术改造和扩建，到 1985 年，该厂拥有 20 立方米和 37 立方米高炉各 1 座、铸造车间 1 个、坑木材基地 1850 亩，基本上形成了采矿——冶炼——铸造“一条龙”成型的钢铁企业。

当年具有年产钢铁 3 万吨能力，拥有 762 名职工的“小钢铁”，由于环保和市场问题早已“熄了火”，过去的高炉设备能卖钱的早已化作了重钢的铁水，变不了现的车间厂房，能出租的也已经租了出去，只有长满巴壁虎的办公楼，还封存着过去的历史记忆……

① 重庆白市驿钢铁厂小区运动场
② 重庆白市驿钢铁厂办公楼遗址
③ 重庆白市驿钢铁厂住宅区遗址
④ 重庆白市驿钢铁厂住宅区遗址

第25节 重庆焊管厂

就原巴县而言，60 年代中期，原手工铸造业和手工锻造业只形成了一个雏形，到了 70 年代末 80 年代初，才逐渐形成了为大工业服务的、像重庆焊管厂一样的配套企业。

1980 年，原巴县木洞铁业生产合作社建了一座焊管车间；1981 年 3 月，建成热轧带钢生产线和高频焊管生产线，当年生产焊管 2193 吨、带钢 2709 吨，并更厂名为重庆焊管厂。

1984 年 1 月，该厂又建成热轧线材机组，利用焊管

①

生产中的边角料轧制 Φ8 毫米和 Φ12 毫米的圆条，当年产量 1300 吨。

那个时期正处于计划经济向市场经济过渡时期，包括钢材在内的“三材”(指钢材、木材、水泥。计划经济过渡时期，建筑企业所需物资中由国家统一分配的三项主要材料，一般统称为“三材”——编者注）相当的紧张，可以说是有钱都拿不到货，所以，那时的焊管厂产品供不应求。

1985 年 4 月，重庆焊管厂又自行设计制造了 Φ40 毫米薄壁管机组，同时更新了高频焊机。至 1985 年底，该厂拥有职工 593 人，固定资产原值达到了 374.8 万元。当年生产焊接钢管 4039 吨，小型钢材 6246 吨，完成产值 891.6 万元，盈利 82.6 万元，上交税金 122.9 万元。

① 重庆焊管厂原址
② 重庆焊管厂遗址
③ 只剩下残败不堪的遗存

第26节　重庆第二毛纺织厂

中共十一届三中全会之后，重庆市计委为适应市场发展需要，决定按照专业化生产的原则，改组、改造抗战时期从上海内迁过来的重庆毛纺织厂（原名“中国毛纺织厂”），将重庆毛纺织厂一分为四，于三线建设调整时的1982年，在原巴县小坝乡开工建设重庆第二毛纺织厂。

重庆毛纺织厂以粗纺设备作投资，巴县经委以缫丝厂、

①

农机厂作投资，市县联办，市毛纺公司占20%股份，巴县占80%股份。第一期工程占地38亩，有粗纺锭2000枚，织机58台。生产的粗纺呢绒由重庆毛纺织厂染整。该项目于1983年3月正式投产，时有职工600人。

拆分重庆毛纺织厂的理由，重庆市计委是以“原重庆毛纺厂的厂房陈旧，范围窄小，产品品种多，工艺布局不合理，不利于生产和管理的实际情况”提出来的，现在回过头来看，拆分后，主厂垮了，分出来的第二毛纺织厂也垮了。

① 重庆第二毛纺织厂原址
② 被房地产开发了的重庆第二毛纺织厂原址

第27节 重庆东泉缫丝厂

1967—1972 年，我在四川营山县读小学，那个时候，68 万人口的营山县根本没有一家上百人的国营企业。毕竟中国是个农业大国，各个家庭都需要找点零花钱，再加上土地优势，所以包括重庆地区在内的大四川，丝绸业是相当发达的。1970 年，营山附近的蓬安县丝绸厂，一座 1600 多人的工厂的建设，在周围都引起了轰动。

①

东泉缫丝厂地处重庆原巴县边远的东泉乡，在1971年能创办一家有600多人的缫丝厂，所引起的震动那也是可想而知的。由巴县县财政投资103万元，1971年开工，1972年竣工投产，到1985年，其生产规模达到了3200绪，其生丝年产量达到了62.38吨。

2022年6月9日，我们冒雨来到东泉缫丝厂遗址，当地的老百姓告诉我们：当时很兴旺的东泉丝厂垮了很多年了，现正准备重新启动，搞乡村旅游。

1985年，东泉缫丝厂最高峰时有职工612人，固定资产原值167.83万元，织机30台，年产值253.4万元，利税36.2万元。其产品桑蚕丝、丝织品还是多畅销的。

① 重庆东泉缫丝厂遗址
② 重庆东泉缫丝厂遗址
③ 重庆东泉缫丝厂遗址

第28节 巴县绢纺厂

“巴县绢纺厂坐落在大江厂靠长江的一边、原鱼洞镇小坝乡，垮了二三十年了，现在可能连个影子都找不到了哟？”2022 年 8 月 11 日，重庆室外温度高达 40 多摄氏度，同行的 5057 厂的吴学辉老师说已经找它不到，但我决定且花了整整三个小时时间，还是找到了这座厂办公楼、部分厂房和家属区都还在的原巴县绢纺厂。

①

1975年10月，巴县工交部在原巴县水泥厂的旧址上建设了巴县绢纺厂。该厂以桑蚕下脚茧、缫丝下脚料为原料，生产丝绵球，供外贸出口。1977年3月投入试生产，当年即产丝绵球3.2吨。至1985年，该厂已拥有切茧机、水力冲洗机等专用生产设备88台，通用设备38台，各式运输车辆8辆，以及齐全的化验及消防设施。

该厂“锦江牌”丝绵球远销日本、美国和加拿大，10年共为国家创汇2066.94万美元。1990年，该厂拥有职工536人，生产规模为细丝纺960锭。

“当时这家企业非常红火的。后来改革开放后，农村人都进城打工赚快钱去了，农村的桑蚕没有人养了，绢丝厂没有原材料供应，也就慢慢地垮掉了。”住地的老百姓如此告诉我们。

① 巴县绢纺厂家属区
② 巴县绢纺厂家属区
③ 巴县绢纺厂综合楼

第29节 白市驿煤矿

白市驿地区煤炭资源较为丰富，且开采历史还比较悠久。1930 年，有宋子安、王子泉、潘铭新等民族资本家集法币 1200 万元，创办建川煤矿股份有限公司，在白市驿的耗儿湾、新店子等地开采煤炭，并修建轻便铁路数十千米。

白市驿煤矿是在 1970 年国家政策性推进“五小”工

①

① 白市驿煤矿遗址
② 白市驿煤矿遗址
③ 白市驿煤矿遗址
④ 白市驿煤矿遗址

业的氛围中，由当时的巴县人民政府财政投资140万元新建起来的地方国营煤矿。这座煤矿的煤种牌号为气肥煤，矿井地质储量为444.9万吨，开拓方式为斜井，1990年核定生产能力为6万吨，实际的原煤产量只有2.51万吨。

2022年5月24日，重庆三线两会组团考察了白市驿煤矿，40年前的企业状况和民风还保持得那么完整，是我们万万没有想到的。几位原来的矿工变成了现在的农民，告诉我们：1990年白市驿煤矿的正式职工有304人，现在还留下来的不到20%了，因为怀旧，舍不得离开自己的矿山。

① 白市驿煤矿遗址
② 白市驿煤矿遗址

第30节　青木关煤矿

青木关煤矿原由12个小煤窑和4个附属小厂、通过1956年公私合营合并而成。1967年，巴县投资8万元建井；1969年，重庆市煤管局投资69.5万元，进行矿井延深改造，开采双连煤层。1971年又投资79.5万元，对矿井进行技术改造，其设计能力增至5万吨／年；1979年，投资32.2万元，开拓一水平南翼外大连煤层；1983年投

青木关煤矿大院

①

②

③

资95.8万元，改造矿井二水平；1987年，中国地方煤矿总公司和重庆煤炭工业公司投资360万元，再次进行技改，扩大产能至年产9万吨；1990年，投资400万元，进行矿井±0米水平延深。

青木关煤矿为斜井开拓方式。建矿初期，采用人工采掘；1970年，使用风钻打眼掘进、绞车提升、水泵排水；1972年，实现了机械化开采，采煤方法为走向短臂采煤法；1980年，在双连煤层上推行了倒台阶采煤法。青木关煤矿主要供重庆主城和巴县、北碚、璧山工业及民用。1985年，该矿还新建了年产1000万块煤矸石砖厂1座，后经改造每年达到了年产2000万块。

青木关煤矿位于巴县青木关关口，距重庆城区54千米。1990年，有生产井口一对。该矿开采上三叠系须家河组，煤质为中—高灰、低硫、低磷肥煤。1990年末，保有地质储量为421万吨。是年，青木关煤矿拥有职工802人，占地面积14万平方米，房屋建筑面积4.2万平方米，时有固定资产1200万元。1981—1990年，共产原煤110万吨，总产值3550万元。

① 青木关煤矿办公楼
② 青木关煤矿园林假山
③ 青木关煤矿综合楼
④ 青木关煤矿办公楼
⑤ 青木关煤矿办公楼

第31节　红卫煤矿

跑了两年多时间，走了700多家企业，最难找的、几乎看不到影子的企业就是这家原巴县县属地方国营煤矿——红卫煤矿了。

相关资料显示：红卫煤矿矿井地质储量为96.4万吨，开拓方式为斜井，煤种牌号为气肥煤。气肥煤是一种挥发和胶质层都很高的强黏结性肥煤类，也称为“液肥煤”。

①

2022年上半年，重庆三线两会在渝北区开了一个有几十家煤企参加的社情民意座谈会。会议期间，巴南区的朋友告诉我们，原巴县地方国营的红卫煤矿多风光的，1990年拥有职工687人，计划核定生产能力只有3万吨，而红卫煤矿自己却生产了原煤4.71万吨。

这位朋友同时告诉我：红卫煤矿经多年开采，上山资源逐步枯竭，下山资源虽富，但由于资金、技术、电力等条件限制，又不能开采。加上国家环保要求和关闭小煤窑政策的限制，含红卫煤矿在内的巴县一大批地方煤矿，也就没有生存空间了。

① 红卫煤矿遗址
② 红卫煤矿原址
③ 红卫煤矿遗址

第32节 川东煤矿

1956年，巴县人民政府实行“生产改革、经济改组、民主管理”的方针，巴县煤业采取“以大带小、以先进带落后、联合经营、统一核算、分散生产”的办法，把全巴县的煤业，由1952年的22家，调整为19家，并实行了公私合营，川东煤矿就是其中保留下来的较大的企业。

据1994年煤炭工业出版社出版的《中国煤矿志·附

①

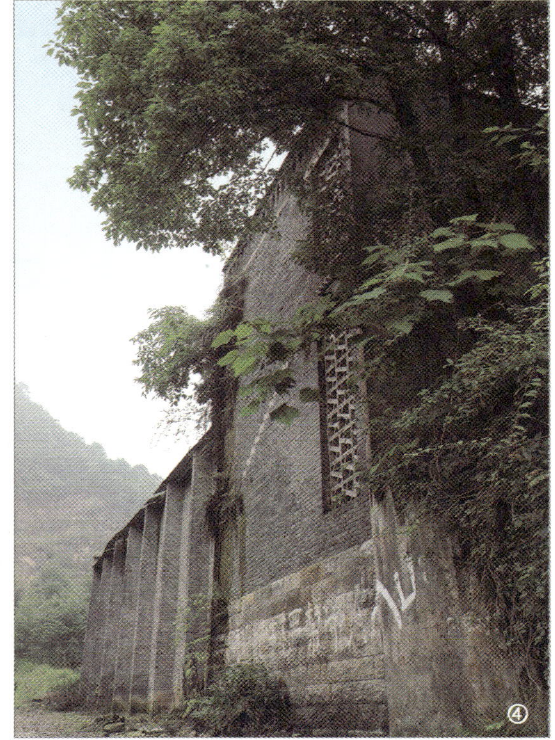

① 川东煤矿礼堂
② 川东煤矿工作区
③ 川东煤矿办公楼
④ 川东煤矿礼堂

卷·重庆卷》第440页介绍，川东煤矿煤种牌号为气肥煤，矿井地质储量为260.8万吨，开拓方式为暗斜井。1990年该矿年生产能力为3万吨，实际1990年原煤产量只有区区的0.96万吨。为什么核定产能和实际产出有这么大的差距呢?

2022年6月2日，重庆三线两会组团来到川东煤矿原址进行实地考察调研，当地的留守矿工和老百姓告诉我们：1990年川东煤矿就拥有正式职工354人，有三个原因造成了企业步入深渊：第一个原因是资源逐渐枯竭，开采成本虚高；第二个原因是市场价格疲软，多产多亏，少采少亏；第三个原因是企业管理混乱，企业步入恶性循环而不能自拔。

① 川东煤矿生产区
② 川东煤矿住宅区

第33节　下涧口水库

下涧口水库位于原巴县花溪乡金星村与南川县大观、兴隆、神童三乡交界处的西铜山下。原系小（一）型水库，后经过改造，总库容量增加到1129万立方米，灌溉渠72.69千米，设计灌溉田地20782亩，达到中型水库的标准。整个工程投资为251.29万元，其中国家投资154.2万元。

1970年6月，原巴县接龙区组织受益地区公社整治

下涧口水库大坝

土坝，配套建设的渠道，两年后漏水导致溃缺。1973 年 7 月，由农机水利局设计，改建为砌石单拱坝，坝高 23.5 米。1974 年继续整治渠道病害，延长支渠道；1976 年 6 月，对坝身裂缝与坝基渗漏做钻孔灌浆处理。1977—1978 年，又做扩建溢洪道处理，达到了 50 年一遇的设计、500 年校核之防洪标准。

1979 年，成立了下涧口水库管理处，水库除灌溉外，开展了捕捞、鱼苗繁殖、发电、加工等综合利用项目。时有管理人员 27 人，库区直接管辖土地 355 亩。

1985 年，水库总收入 44303 元，其中水费收入 4046 元，盈利了 3179 元；但实际有效灌溉面积仅有 5735 亩，不及设计灌溉面积的三分之一。

① 下涧口水库坝顶
② 下涧口水库管理所
③ 下涧口水库四角亭
④ 下涧口水库发电站

第34节　南彭水库

南彭水库位于花溪河上游的原南彭乡高岩村牛屎滩外。1954年在此建有石河堰，1959年动工修建南彭小（一）型水库，建成坝高16.8米、总库容230万立方米、灌溉农田11.709亩的水库。三线建设第二个高潮后，中共巴县县委决定扩建这座水库。

1974年9月，政府成立了“南彭水库工程指挥部”，

①

① 南彭水库发电厂
② 南彭水库管理处
③ 南彭水库廊桥
④ 南彭水库廊桥

长生桥、界石两受益区抽调县、区、公社干部80余人和民兵3389人，组成常年施工专业队，采取专业队与群众性施工相结合的方法，上工最多时达2.4万人。是年10月动工，1980年底枢纽工程竣工，建成坝高23.06米、总库容1330万立方米的中型水库。

南彭水库设计灌溉面积6.4万亩，1985年实际灌溉面积8200亩，年产成鱼0.65万千克，总收入9万元，盈利1.3万元，管理经费自给有余。但由于该水库渠系配套工程未完成，设计的灌渠128.5千米，到1985年仅建成通水渠30.02千米，现有效灌溉面积仅有1万亩。

① 南彭水库大坝
② 南彭水库风光

第35节 玉滩水电站

民国三十年（1941 年），中国农村电力实业特种股份有限公司南泉办事处，在小泉建立了水力发电站 1 座，装机 1 台，32 千瓦。这是巴县建立的第一座水电站。原巴县五布河玉滩水电站，则是三线建设时期，巴县地方政府建设的最大的一座水电站，装机容量为 1000 千瓦，总投资 220 万元。

玉滩水电站设计水头 15 米，引用流量为 9.36 立方米／秒，于 1978 年冬破土动工，至 1985 年底完成工程

玉滩水电站正立面

①

②

① 玉滩水电站泄洪口
② 玉滩水电站之水能
③ 玉滩水电站大门
④ 玉滩水电站机房
⑤ 玉滩水电站综合楼

投资152.6万元。筑坝11.2米高。房屋建筑面积1371平方米，于1988年11月方才竣工并通过工程验收。原巴县100千瓦以上的小型水电站有33座，由于水能资源储备有限，玉滩水电站排第一。

人们强调与时俱进，过去我开3.5排量的油车跑三线，两台车每年油费要花3.5万元以上，今年6月我买了一台蔚来、一台特斯拉，两台新能源车，每个月的充电费100元多一点，全年下来3000元。看来发展水电和新能源势在必行，且购置新能源车不仅不需要上10%的购置税，若以公司的名义购买，还要退13%的税，何乐而不为呢？

③

④

⑤

图书在版编目（CIP）数据

巴山蜀水三线建设．第二辑．重庆市三线建设掠影 / 艾新全，陈晓林总主编；陈晓林编著、摄影．-- 北京：中国文史出版社，2023.4

ISBN 978-7-5205-4066-7

Ⅰ．①巴… Ⅱ．①艾… ②陈… Ⅲ．①国防工业—经济建设—经济史—重庆 Ⅳ．① F426.48

中国国家版本馆 CIP 数据核字 (2023) 第 066560 号

责任编辑：梁　洁

装帧设计：向加明

出版发行：中国文史出版社

社　　址：北京市海淀区西八里庄路 69 号　邮编：100142

电　　话：010-81136606　81136602　81136603（发行部）

传　　真：010-81136655

印　　装：廊坊市海涛印刷有限公司

经　　销：全国新华书店

开　　本：787mmx1092mm　1/12

印　　张：145

字　　数：800 千字

版　　次：2023 年 4 月 北京第 1 版

印　　次：2023 年 4 月 第 1 次印刷

定　　价：698.00 元（全五卷）
